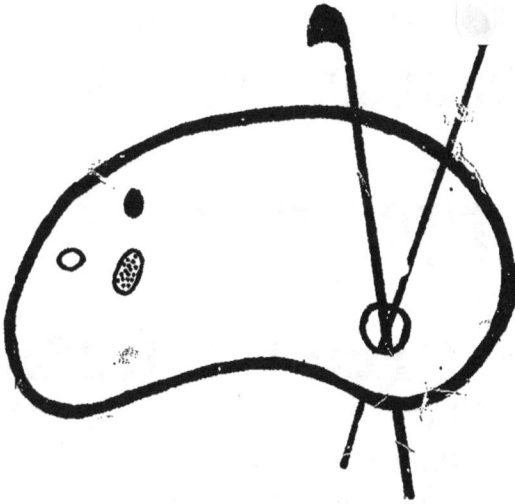

DEBUT D'UNE SERIE DE DOCUMENTS
EN COULEUR

CORRESPONDANCE

de George Sand

et d'Alfred de Musset

PUBLIÉE INTÉGRALEMENT ET POUR LA PREMIÈRE FOIS

D'APRÈS LES DOCUMENTS ORIGINAUX

PAR FÉLIX DECORI

AVEC DESSINS D'ALFRED DE MUSSET ET FAC-SIMILÉS D'AUTOGRAPHES

BRUXELLES

E. DEMAN, LIBRAIRE-ÉDITEUR

1904

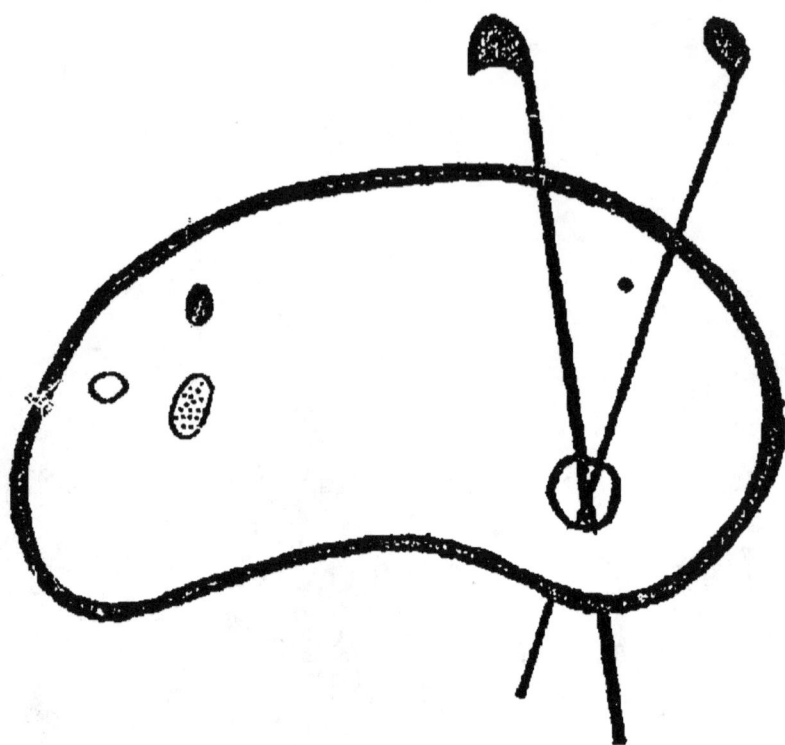

FIN D'UNE SERIE DE DOCUMENTS
EN COULEUR

CORRESPONDANCE

DE GEORGE SAND

ET D'ALFRED DE MUSSET

ALFRED DE MUSSET, par lui même.

GEORGE SAND, par A. de Musset (1833).

CORRESPONDANCE

de George Sand

et d'Alfred de Musset

PUBLIÉE INTÉGRALEMENT ET POUR LA PREMIÈRE FOIS
D'APRÈS LES DOCUMENTS ORIGINAUX

PAR FÉLIX DECORI

AVEC DESSINS D'ALFRED DE MUSSET ET FAC-SIMILÉS D'AUTOGRAPHES

BRUXELLES

E. DEMAN, LIBRAIRE - ÉDITEUR

1904

A mon Ami EMILE *AUCANTE.*

Mon cher Émile,

Vous connaissez toutes les lettres qui m'ont été écrites par Alfred de Musset, et toutes celles qu'il a reçues de moi. Vous savez que cette correspondance est la meilleure réfutation des calomnies dont j'ai été l'objet.

Parmi toutes ces calomnies, il en est quelques-unes qui m'ont blessée profondément, quelque habituée que je sois à tout supporter en ce genre ; et voici celles que je tiens à réduire à néant : L'accusation de jalousie littéraire ! Celle d'avoir été la cause d'une grave maladie, en suscitant à Alfred de Musset des chagrins antérieurs à cette maladie ; celle de l'avoir mal soigné, négligé, abandonné durant cette maladie ; de l'avoir affligé, menacé, chassé durant sa convalescence; celle enfin de l'avoir rappelé et ramené à moi pour l'affliger et le menacer encore.

Tout cela est odieux et stupide, et si étranger à mon caractère, si contraire à mes instincts, que je n'éprouve aucun besoin de m'en justifier durant ma vie. Il me semble que la plupart de mes contemporains se lèveraient pour me dire que c'est inutile, que l'œuvre de toute ma vie proteste contre la haine de quelques-uns, et que je n'ai rien à prouver devant la conscience publique. Mes contemporains ont su que si, à cause de lui, j'avais été mal jugée, à cause de moi, lui aussi avait été accusé, parfois condamné. J'ai donc jugé à propos, pour lui comme pour moi, non de raconter notre histoire, mais de présenter, sous le voile de la fiction, une certaine situation, où d'autres que nous ont pu se trouver, et qu'il est facile d'expliquer avec logique, avec droiture, avec le sentiment de l'équité surtout.

Ce tableau d'une lutte morale, c'est Elle et Lui, un roman dont le sujet n'a rien de réel, mais dont le fond est profondément vrai et porte avec soi son enseignement utile pour tous : l'historique de certains états de l'âme, au siècle où j'ai vécu.

Mais l'appréciation de tout ceci peut devenir confuse pour ceux qui nous survivront. Quand notre présent sera leur passé, il en sortira un peu de légende, et la légende qui n'est qu'un ensemble de versions diverses, s'emparera du fait actuel et n'y laissera peut-être plus rien de vrai. Voilà pourquoi je tiens, dans l'intérêt de la vérité, à ce que la correspondance que je vous confie puisse être publiée un jour.

C'est votre avis, c'est celui de tous les amis sérieux que j'ai consultés.

Avant toute autre mesure, il s'agissait de mettre les autographes en sûreté. Nous y avons pourvu ensemble.

Quant à la publication, vous avez bien voulu vous en charger. Pleine de confiance en votre amitié dévouée, je vous donne ce mandat avec reconnaissance.

Mais vous me demandez des instructions écrites, et vous désirez qu'elles soient nettes et précises, autant du moins qu'il est possible de les formuler en pareil cas, sans vous enlever toute liberté d'action.

Il ne faut pas, en effet, qu'on puisse jamais vous accuser d'avoir trahi mes véritables intentions.

*Voici donc ce qui est, de ma part, l'expression
d'une volonté réfléchie et arrêtée :*

*1º La correspondance ne pourrait être publiée
de mon vivant qu'autant que je viendrais à y
consentir. Je tiens, vous le savez, à ce qu'elle soit
publiée le plus tard possible. Il ne s'agit pas pour
moi de réduire mes ennemis actuels au silence.
Je ne m'occupe pas d'eux. Il s'agit de rétablir,
au moyen de preuves irrécusables, le fait des
choses accomplies.*

*2º Après ma mort, vous serez seul juge de la
question de mode et d'opportunité de la publication. S'il vous paraît suffisant de ne faire
paraître d'abord qu'une partie de la correspondance, sauf à la publier tout entière plus tard,
vous serez libre de le faire. Vous conserverez aux
lettres leurs véritables signatures, ou vous
emploierez des noms fictifs, ou vous les publierez
anonymes.*

*Au besoin, vous consulterez ma famille et mes
autres amis; mais vous resterez le maître de
faire prévaloir votre propre appréciation.*

*3º Il ne devra être rien changé aux lettres, ni
un mot, ni une virgule. Vous respecterez les
suppressions, d'ailleurs peu nombreuses, que j'ai
cru devoir faire de certains passages relatifs*

à des tiers, *bien que vous me blâmiez énergique-*
ment de ce que vous appelez, à ce propos, mon
excès de mansuétude.

4° *La publication faite, les lettres autographes*
devront être déposées, pour y rester à tout
jamais, soit à la Bibliothèque impériale, soit
dans telles autres archives publiques qu'il vous
plaira de choisir, afin que toute personne puisse
vérifier l'exactitude de la publication.

5° *Les sommes formant le produit net de la*
publication, ou représentant les droits d'auteur,
seront versées par vous dans la caisse d'un bureau
de bienfaisance ou employées à de bonnes œuvres
quelconques.

6° *En prévision du cas où vous viendriez à*
mourir avant d'avoir publié ces lettres, j'ai
choisi M. Alexandre Dumas fils pour vous rem-
placer, et, par respect de la vérité autant que par
attachement pour moi, il s'est empressé, comme
vous, de m'engager sa parole.

Mais une autre éventualité est à prévoir ; vous
pouvez nous survivre à tous les deux, et cepen-
dant mourir vous-même avant d'avoir rempli la
mission que je vous confie. Personne n'aurait
plus alors aucun pouvoir pour publier.

Donc je vous autorise, s'il arrivait que, de

nous trois, vous fussiez le survivant à déléguer à M. Louis Maillard, ou, à son défaut à une personne de votre choix, après vous être assuré de son acquiescement, le mandat que contient cette lettre, afin que cette personne puisse au besoin, après vous, exécuter toutes mes instructions.

Si c'est, au contraire, M. Alexandre Dumas qui nous survit, ce sera lui qui prendra les mêmes précautions.

Tout ceci réglé, je me repose sur vous, mon cher Emile, du soin d'accomplir avec une loyale affection pour moi, et un grand respect pour la mémoire d'Alfred, les volontés que je viens d'exprimer.

Signé : Aurore DUPIN
GEORGE SAND.

A Monsieur Félix DECORI,

avocat à la Cour d'appel de Paris.

Cher Monsieur,

Le 10 mars 1864, George Sand me confiait sa correspondance avec Alfred de Musset et sa lettre m'instituait « seul juge de la question de mode et d'opportunité de la publication ». — Elle m'autorisait en même temps à « déléguer à toute personne de mon choix le mandat qu'elle me conférait. »

Ce précieux dépôt est encore entre mes mains.

Mais, aujourd'hui, en raison de mon grand âge et de mes infirmités, je ne serais plus en état d'accomplir jusqu'au bout la mission que j'avais reçue de Madame Sand, quand bien même des circonstances viendraient en imposer et en justifier l'exécution complète.

Je me vois donc contraint de transmettre les pouvoirs qui m'avaient été donnés.

Or, nul ne me paraît plus qualifié que vous pour me succéder dans l'exécution de ce mandat. — Vous êtes lié d'une vieille amitié avec la famille Sand et vos connaissances professionnelles vous permettront mieux qu'à qui que ce soit, de remplir la mission que je vous remets en toute confiance.

En conséquence, je vous transmets le dépôt qui m'avait été confié et vous substitue dans tous les pouvoirs que m'avait conférés Madame Sand, m'en rapportant à vous du soin de remplir, selon les inspirations de votre conscience, les instructions de mon amie vénérée.

Agréez, cher Monsieur, l'assurance de ma haute estime et de mes sentiments bien cordiaux.

Em. AUCANTE.

Décembre 1903.

    Le précieux dépôt de la correspondance de George Sand et d'Alfred de Musset devait être remis en des mains plus dignes que les miennes. Mais les illustres amis que George Sand avait désignés pour cette haute mission, Louis Maillard, Noël Parfait, Alexandre Dumas fils, ont été successivement emportés par la mort et c'est à leur défaut que j'ai reçu ce fardeau des mains fidèles mais défaillantes d'Émile Aucante.

    J'ai accepté cette tâche avec tous ses devoirs. En conscience il me semble aujourd'hui que je dois m'en acquitter.

    La liaison de George Sand et d'Alfred de Musset semble contenir encore un irritant mystère. Faute d'avoir eu sous les yeux la correspondance entière et d'avoir pu par conséquent démêler les véritables sentiments des deux grands écrivains, leurs partisans se sont abandonnés à

toutes les hypothèses qu'enfantait leur admiration féconde. Des polémiques se sont engagées,
des thèses se sont échafaudées et tous les pseudo-
psychologues ont prétendu les étayer à l'aide de
citations incomplètes ou tronquées, de fragments
de lettres opposés les uns aux autres de façon
arbitraire et pour les besoins de leur démonstra-
tion. Cette année même deux livres de ce genre
ont paru.

Afin de permettre au public de porter sur les
héros de ce roman d'amour un jugement éclairé,
impartial et définitif, il m'a semblé qu'il était
indispensable de faire enfin connaître leur correspondance COMPLÈTE, INTÉGRALE, d'après les originaux eux-mêmes, conservés et classés par
George Sand.

Aussi n'ai-je pu déférer au désir manifesté par
l'illustre morte et n'ai-je point respecté les suppressions qu'elle avait cru devoir faire de certains passages relatifs à des tiers.

J'avais le devoir de mettre sous les yeux du
lecteur la reproduction textuelle des originaux :
j'ai rempli ma mission intégralement.

Cette divulgation, d'ailleurs, les deux amants
l'ont désirée. Alfred de Musset avait remis à
George Sand les lettres qu'il avait reçues d'elle

et manifesté sa ferme volonté de l'en laisser disposer seule et, d'autre part, en les confiant à
Emile Aucante, George Sand demandait qu'un
jour ou l'autre, quand l'heure serait propice,
elles fussent publiées.

Il m'a paru qu'après tant d'années — quand
on va célébrer le centenaire de George Sand —
cette heure était enfin venue, que les passions
d'autrefois devaient être apaisées et que le vœu
commun pouvait être exaucé : aussi je me décide
à faire, sans aucun commentaire, cette publication.

Puisse-t-elle ramener autour de ces grands
morts le calme et la paix! Puisse-t-on surtout
n'y pas voir une œuvre de rancune ou de haine,
mais un pieux monument élevé par la postérité
respectueuse à ces deux amants passionnés.

FÉLIX DECORI.

PREMIÈRE SÉRIE

Paris — 1833

par. A. de Musset
1833

LETTRE N° 1. (*)

Madame, je prends la liberté de vous envoyer quelques vers que je viens d'écrire en relisant un chapitre d'Indiana, celui où Noun reçoit Raimond dans la chambre de sa maîtresse. Leur peu de valeur m'aurait fait hésiter à les mettre sous vos yeux, s'ils n'étaient pour moi une occasion de

---

(*) La 1ʳᵉ lettre de George Sand à A... de Musset est datée de Venise. Aucune de celles qu'elle a pu lui écrire précédemment ne m'a été remise. Aucune n'avait été copiée, ni même vue par M. Aucante.

George Sand tenait surtout à se justifier d'avoir été la maîtresse de Pagello, alors qu'elle aurait encore été celle de Musset. C'est pourquoi elle a dû regarder comme étant sans intérêt les réponses qu'elle a pu faire à ce dernier dans les débuts de leur liaison.

vous exprimer le sentiment d'admiration sincère et profonde qui les a inspirés.

Agréez, madame, l'assurance de mon respect.

ALF. DE MUSSET.

LETTRE No 2.

Sand, quand tu l'écrivais, où donc l'avais-tu vue
Cette scène terrible où Noun à demi nue
Sur le lit d'Indiana s'enivre avec Raymond?
Qui donc te la dictait, cette page brûlante
Où l'amour cherche en vain d'une main palpitante
Le fantôme adoré de son illusion?

En as-tu dans le cœur la triste expérience?
Ce qu'éprouve Raymond, te le rappellais-tu?
Et tous ces sentimens d'une vague souffrance,
Ces plaisirs sans bonheur, si pleins d'un vide immense,
As-tu rêvé cela, George, ou l'as-tu connu?

N'est-ce pas le Réel dans toute sa tristesse
Que cette pauvre Noun, les yeux baignés de pleurs,
Versant à son ami le vin de sa maîtresse,
Croyant que le bonheur c'est une nuit d'ivresse
Et que la volupté, c'est le parfum des fleurs?

Et cet être divin, cette femme angélique
Que dans l'air embaumé Raymond voit voltiger,
Cette frêle Indiana dont la forme magique
Erre sur les miroirs comme un spectre léger,

O George! n'est-ce pas la pâle fiancée
Dont l'Ange du désir est l'immortel amant?
N'est-ce pas l'Idéal, cette amour insensée
Qui sur tous les amours plane éternellement?

Madame,

Je prends la liberté de vous envoyer quelques vers
que je viens d'écrire en relisant un chapitre de l'Indiana ;
cela m'est venu récemment naturellement dans la chambre de sa
prétexte. Leur peu de valeur ne saurait fait dégoûter —
les admettre dans vos yeux, s'il est désirant pour mon
une occasion de vous exprimer le sentiment d'ad-
-miration que ce m'a inspiré;

Agréez, Madame, l'assurance de mon
respect —

Alf de Musset

Ah, malheur à celui qui lui livre son âme !
Qui couvre de baisers sur le corps d'une femme
Le fantôme d'une autre, et qui, sur la beauté,
Veut boire l'idéal dans la réalité !

Malheur à l'imprudent qui, lorsque Noun l'embrasse
Peut penser autre chose en entrant dans son lit,
Sinon que Noun est belle et que le Temps qui passe,
A compté sur ses doigts les heures de la nuit !

Demain viendra le jour, demain, désabusée,
Noun, la fidèle Noun, par sa douleur brisée,
Rejoindra sous les eaux l'ombre d'Ophélia.
Elle abandonnera celui qui la méprise ;

Et le cœur orgueilleux qui ne l'a pas comprise
Aimera *l'autre* en vain — n'est-ce pas, Lélia?

                          24 juin 1833.

LETTRE N° 3.

Voilà, madame, le fragment que vous désirez
lire et que je suis assez heureux pour avoir
retrouvé, en partie dans mes papiers, en partie
dans ma mémoire. Soyez assez bonne pour faire
en sorte que votre petit caprice de curiosité ne soit
partagé par personne. (*)

                Votre bien dévoué serviteur,
                    Alf^d de Musset.

Mardi.

(*) C'était un fragment inédit de Rolla.

LETTRE N° 4.

Votre aimable lettre a fait bien plaisir, madame, à une espèce d'idiot entortillé dans de la flanelle comme une épée de bourgmestre. Il vous remercie bien cordialement de votre souvenir pour une sottise qui n'en valait pas la peine et dont il est bien fâché de vous avoir rendu témoin (*). Que vous ayez le plus tôt possible la fantaisie de perdre une soirée avec lui, c'est ce qu'il vous demande surtout.

Votre bien dévoué,

ALF^d DE M^t.

LETTRE N° 5.

Je suis obligé, madame, de vous faire le plus triste aveu; je monte la garde mardi prochain; tout autre jour de la semaine, ou, ce soir même, si vous étiez libre, je suis tout à vos ordres et reconnaissant des moments que vous voulez bien me sacrifier.

Votre maladie n'a rien de plaisant, quoique vous ayez envie d'en rire. Il serait plus facile de vous couper une jambe que de vous guérir.

(*) Il avait eu des crampes d'estomac jusqu'à s'évanouir.

Malheureusement on n'a pas encore trouvé de
cataplasme à poser sur le cœur. Ne regardez pas
trop la lune, je vous en prie, et ne mourez pas
avant que nous n'ayons exécuté ce beau projet de
voyage dont nous avons parlé. Voyez quel égoïste
je suis ; vous dites que vous avez manqué d'aller
dans l'autre monde ; je ne sais vraiment pas trop
ce que je fais dans celui-ci.

Tout à vous de cœur.

Lundi.   Alf^d DE M^t.

LETTRE N° 6.

J'ai reçu Lélia. — Je vous en remercie, et bien
que j'eusse résolu de me conserver cette jouissance
pour la nuit, il est probable que j'aurai tout lu
avant de retourner au corps de garde.

Si, après avoir raisonnablement trempé vos
doigts dans l'encre, vous vous couchez prosaïque-
ment, je souhaite que Dieu vous délivre de votre
mal de tête. — Si vous avez réellement l'idée
d'aller vous percher sur les tours de Notre-
Dame (*), vous serez la meilleure femme du

(*). C'était pour voir un feu d'artifice, probablement celui
de la fête du roi.

monde, si vous me permettez d'y aller avec vous.
Pourvu que je rentre à mon poste le matin, je puis
disposer de ma veillée patriotique. Répondez-moi
un mot, et croyez à mon amitié sincère.

ALF^d DE M^t.

LETTRE N° 7.

Vous êtes bien bonne et bien aimable de penser
à moi ; je m'aperçois que le porteur de votre lettre s'est exalté sur la route, en sorte que, de peur
de méprise, je prends la précaution du papier
pour vous dire que je suis parfaitement libre, et
que je vous remercie de votre aimable invitation.

Votre bien dévoué ser^r,

ALF^d DE M^t.

Sans date.

LETTRE N° 8.

Éprouver de la joie à la lecture d'une belle chose
faite par un autre, est le privilège d'une ancienne
amitié. — Je n'ai pas ces droits auprès de vous,
madame, il faut cependant que je vous dise que
c'est là ce qui m'est arrivé en lisant Lélia. —
J'étais, dans ma petite cervelle, très inquiet de
savoir ce que c'était. Cela ne pouvait pas être

médiocre, mais enfin ça pouvait être bien des
choses avant d'être ce que cela est. Avec votre
caractère, vos idées, votre nature de talent, si
vous eussiez échoué là, je vous aurais regardée
comme valant le quart de ce que vous valez. Vous
savez que malgré tout votre cher mépris pour vos
livres, que vous regardez comme des espèces de
contre-partie des mémoires de vos boulangers,
etc., vous savez, dis-je, que pour moi, un livre,
c'est un homme, ou rien. — Je me soucie autant
que de la fumée d'une pipe, de tous les arrange-
ments, combinaisons, *drames*, qu'à tête reposée,
et en travaillant pour votre plaisir, vous pourriez
imaginer et combiner. — Il y a dans Lélia des
vingtaines de pages qui vont droit au cœur, franchement, vigoureusement, tout aussi belles que
celles de René et de Lara. Vous voilà George Sand;
autrement vous eussiez été madame une telle
faisant des livres.

Voilà un insolent compliment, je ne saurais en
faire d'autres. Le public vous les fera. Quant à la
joie que j'ai éprouvée, en voici la raison.

Vous me connaissez assez pour être sûre à présent que jamais le mot ridicule de — voulez-vous?
ou ne voulez-vous pas? — ne sortira de mes lèvres
avec vous. — Il y a la mer Baltique entre vous et

moi sous ce rapport. — Vous ne pouvez donner que l'amour moral — et je ne puis le rendre à personne (en admettant que vous ne commenciez pas tout bonnement par m'envoyer paître, si je m'avisais de vous le demander), mais je puis être, si vous m'en jugez digne, — non pas même votre ami, — c'est encore trop moral pour moi — mais une espèce de camarade sans conséquence et sans droits, par conséquent sans jalousie et sans brouilles, capable de fumer votre tabac, de chiffonner vos peignoirs (*) et d'attraper des rhumes de cerveau en philosophant avec vous sous tous les marronniers de l'Europe moderne. Si, à ce titre, quand vous n'avez rien à faire, ou envie de faire une bêtise, (comme je suis poli!) vous voulez bien de moi pour une heure ou une soirée, au lieu d'aller ces jours-là chez madame une telle, faisant des livres, j'aurai affaire à mon cher monsieur George Sand, qui est désormais pour moi un homme de génie. Pardonnez-moi de vous le dire en face, je n'ai aucune raison pour mentir.

A vous de cœur.

Mercredi.   ALF^d DE MUSSET.

(*) Il s'était habillé en pierrot et avait mystifié une personne qui n'était pas, comme on l'a raconté et imprimé, Mr de la Rochefoucauld.

LETTRE N° 9.

Mon cher George, vos beaux yeux noirs que j'ai
outragés hier (*) m'ont trotté dans la tête ce matin.
Je vous envoie cette ébauche, toute laide qu'elle
est, par curiosité pour voir si vos amis la reconnaîtront, et si vous la reconnaîtrez vous-même.
Good night. I am gloomy to day (**).

ALFR^d DE M^t.

LETTRE N° 10 (***).

Je crois, mon cher George, que tout le monde
est fou ce matin: vous qui vous couchez à quatre
heures, vous m'écrivez à huit; moi, qui me couche
à sept, j'étais tout grand éveillé au beau milieu de
mon lit, quand votre lettre est venue. Mes gens
auront pris votre commissionnaire pour un
usurier, car on l'a renvoyé sans réponse. Comme
j'étais en train de vous lire et d'admirer la sagesse

(*) Il avait fait la charge de plusieurs personnes, la sienne,
celle de G. S., celle de Buloz, etc. Il dessinait remarquablement.

(**) Bonsoir, je suis triste aujourd'hui.

(***) L'en-tête de cette lettre est orné d'un dessin à la
plume représentant une dame vue de dos et tenant par la main
deux enfants qui portent des joujoux.

de votre style, arrive un de mes amis (toujours à huit heures), lequel ami se lève ordinairement à deux heures de l'après-midi. Il était cramoisi de fureur contre un article des Débats où l'on s'efforce, ce matin même, de me faire un tort commercial de quelques douzaines d'exemplaires. En vertu de quoi j'ai essuyé mon razoir dessus.

J'irai certainement vous voir à minuit. Si vous étiez venue hier soir, je vous aurais remercié sept fois comme ange consolateur et demi, ce qui fait bien proche de Dieu. J'ai pleuré comme un veau pour faire ma digestion, après quoi je suis accouché par le forceps de cinq vers et une (sic) hémistiche, et j'ai mangé un fromage à la crême qui était tout aigre.

Que Dieu vous conserve en joie, vous et votre progéniture, jusqu'à la vingt et unième génération.

Yours truly
Alf^d de M^t.

LETTRE N° 11.

Mon cher George, j'ai quelque chose de bête et de ridicule à vous dire. Je vous l'écris sottement au lieu de vous l'avoir dit, je ne sais pourquoi, en rentrant de cette promenade. J'en serai désolé, ce soir. Vous allez me rire au nez, me prendre pour un faiseur de phrases dans tous mes rapports avec vous jusqu'ici. Vous me mettrez à la porte et vous croirez que je mens. Je suis amoureux de vous. Je le suis depuis le premier jour où j'ai été chez vous. J'ai cru que je m'en guérirais tout simplement en vous voyant à titre d'ami. Il y a beaucoup de choses dans votre caractère qui pouvaient m'en guérir; j'ai tâché de me le persuader tant que j'ai pu; mais je paye trop cher les moments que je passe avec vous. J'aime mieux vous le dire et j'ai bien fait, parce que je souffrirai bien moins pour m'en guérir à présent si vous me fermez votre porte. Cette nuit, j'avais résolu de vous faire dire que j'étais à la campagne, mais je ne veux pas vous faire de mystères ni avoir l'air de me brouiller sans sujet. Maintenant, George, vous allez dire : encore un qui va m'ennuyer! comme vous dites ; si je ne suis pas tout à fait le premier venu pour vous, dites-moi, comme vous me l'auriez dit hier en me parlant d'un autre, ce qu'il faut que je fasse. Mais je vous en prie, si vous voulez me dire que vous doutez de ce que je vous écris, ne me répondez plutôt pas du tout. Je sais comme vous pensez de moi, et je n'espère rien en vous disant cela. Je ne puis qu'y perdre une amie et les seules heures agréables que j'ai passées depuis un mois. Mais je sais que vous êtes bonne, que vous avez aimé, et je me confie à vous, non pas comme à une maîtresse, mais comme à un camarade franc et loyal. George, je suis un fou de me priver du plaisir de vous voir pendant le peu de temps que vous avez encore à passer à Paris, avant votre voyage à la campagne, et votre départ pour l'Italie où nous aurions passé de belles nuits, si j'avais de la force. Mais la vérité est que je souffre et que la force me manque.

ALF^d M^t.

LETTRE N° 12.

S'il y a dans les feuilles que je viens de lire une page où vous ayez pensé à moi, et que je l'aie deviné, je vous remercie, George.

(*) . . . .

Je voudrais que vous me connussiez mieux, que vous voyiez qu'il n'y a dans ma conduite envers vous ni rouerie ni orgueil affecté, et que vous ne me fassiez pas plus grand ni plus petit que je ne

_____

(*) Coupure aux ciseaux, faite par A. de M.

suis. Je me suis livré sans réflexion au plaisir de
vous voir et de vous aimer. — Je vous ai aimée,
non pas chez vous, près de vous, mais ici, dans
cette chambre où me voilà seul à présent. C'est là
que je vous ai dit ce que je n'ai jamais dit à personne. — Vous souvenez-vous que vous m'avez dit
un jour que quelqu'un vous avait demandé si j'étais
Octave ou Cœlio, et que vous aviez répondu : tous
les deux, je crois. — Ma folie a été de ne vous en
montrer qu'un, George, et quand l'autre a parlé,
vous lui avez répondu comme à (*) . . . .
. . . .

A qui la faute? A moi. Plaignez ma triste nature
qui s'est habituée à vivre dans un cercueil scellé,
et haïssez les hommes qui m'y ont forcé. Voilà un
mur de prison, disiez-vous hier, tout viendrait s'y
briser. Oui George, voilà un mur; vous n'avez
oublié qu'une chose, c'est qu'il y a derrière un
prisonnier.

Voilà mon histoire toute entière, ma vie passée,
ma vie future. Je serai bien avancé, bien heureux,
quand j'aurai barbouillé de mauvaises rimes les
murs de mon cachot! Voilà un beau calcul, une

_____

(*) Partie du verso enlevée par la coupure. Alf. de M. semble avoir voulu couper tout ce qui contenait des noms propres.

belle organisation de rester muet en face de l'être qui peut vous comprendre, et de faire de ses souffrances un trésor sacré pour le jeter dans toutes les voieries, dans tous les égouts, à six francs l'exemplaire ! Pouah !

Plaignez-moi, ne me méprisez pas. Puisque je n'ai pu parler devant vous, je mourrai muet. Si mon nom est écrit dans un coin de votre cœur, quelque faible, quelque décolorée qu'en soit l'empreinte, ne l'effacez pas. Je puis embrasser une fille galeuse et ivre morte, mais je ne puis embrasser ma mère.

Aimez ceux qui savent aimer, je ne sais que souffrir. Il y a des jours où je me tuerais : mais je pleure ou j'éclate de rire, non pas aujourd'hui, par exemple. Adieu, George, je vous aime comme un enfant.

DEUXIÈME SÉRIE

1834

2

1re. — DE LUI.

Sans date. — Ecrit de Venise à Venise.

Adieu, mon enfant — Je pense que tu resteras
ici. — Quelle que soit ta haine ou ton indifférence
pour moi, si le baiser d'adieu que je t'ai donné
aujourd'hui est le dernier de ma vie, il faut que tu
saches qu'au premier pas que j'ai fait dehors avec
la pensée que je t'avais perdue pour toujours, j'ai
senti que j'avais mérité de te perdre, et que rien
n'est trop dur (pour) moi. S'il t'importe peu de
savoir si ton souvenir me reste ou non, il m'importe à moi, aujourd'hui que ton spectre s'efface
déjà et s'éloigne devant moi, de te dire que rien

d'impur ne restera dans le sillon de ma vie où tu
as passé, et que celui qui n'a pas su t'honorer
quand il te possédait, peut encore y voir clair à
travers ses larmes et t'honorer dans son cœur,
où ton image ne mourra jamais. — Adieu mon
enfant.

1re. — Réponse d'Elle.

(*Réponse au crayon sur le verso.*)

Al Signor A. de Musset,

In gondola, alla Piazzetta.

Non! ne pars pas comme ça. Tu n'es pas assez
guéri.

Je ne veux pas que tu partes seul. Pourquoi se
quereller, mon Dieu? Ne suis-je pas toujours le
frère George, l'ami d'autrefois?

2me. — De Lui.

Tu m'as dit de partir, et je suis parti; tu m'as
dit de vivre, et je vis. Nous nous sommes arrêtés
à Padoue; il était huit heures du soir et j'étais
fatigué. Ne doutes pas de mon courage. Ecris-moi
un mot à Milan, frère chéri, George bien-aimé !

2me — Réponse d'Elle.

Dimanche

A M. Alfred de Musset,
  Poste restante, à Milan.

Je voulais te suivre de loin, mon enfant. En
rentrant à Venise je devais partir pour Vicence
avec Pagello et savoir comment tu as passé ta première et triste journée. Mais j'ai senti que je
n'aurais pas le courage de passer la nuit dans la
même ville que toi sans aller t'embrasser encore
le matin. J'en mourais d'envie mais j'ai craint de
renouveler pour toi les souffrances et l'émotion de
la séparation. Et puis j'étais si malade en rentrant
chez moi que je craignais de n'en avoir pas la
force moi-même. M. Rebizzo, est venu me chercher et m'a emmenée malgré moi coucher chez
lui. Ils ont été très bons pour moi et m'ont parlé
de toi avec beaucoup d'intérêt ce qui m'a fait un
peu de bien. A présent je t'écris de Trévise.
Je suis partie de Venise ce matin à six heures. Je
veux absolument être à Vicence ce soir et aller à
l'auberge où tu as couché. J'y dois trouver une
lettre d'Antonio à qui j'ai recommandé de me
laisser de tes nouvelles. Je suis forcée de m'arrêter
ici une heure ou deux parce que Pagello a une

visite à faire et m'a priée de prendre cette route
qui n'est pas plus longue que l'autre à ce qu'il dit.
Je ne serai tranquille que ce soir, et encore quelle
tranquillité! Un voyage si long, et toi si faible
encore! Mon Dieu, mon Dieu! Je prierai Dieu du
matin au soir. J'espère qu'il m'entendra. Je trouverai ta lettre demain à Venise. J'arriverai presque
en même temps qu'elle. Ne t'inquiète pas de moi.
Je suis forte comme un cheval, mais ne me dis
pas d'être gaie et tranquille. Cela ne m'arrivera
pas de sitôt. Pauvre ange, comment auras-tu passé
cette nuit? J'espère que la fatigue t'aura forcé de
dormir. Sois sage et prudent et bon comme tu me
l'as promis. Ecris-moi de toutes les villes où tu
coucheras, ou fais-moi au moins écrire par Antonio,
si cela t'ennuie. Moi je t'écrirai à Genève ou à
Turin selon la route que tu prendras et dont tu
m'informeras, à Milan.

Adieu, adieu, mon ange. Que Dieu te protège,
te conduise et te ramène un jour ici, si j'y suis.
Dans tous les cas, certes, je te verrai aux vacances.
Avec quel bonheur, alors? Comme nous nous
aimerons bien, n'est-ce pas, n'est-ce pas, mon
petit frère, mon enfant? Ah! qui te soignera, et
qui soignerai-je? Qui aura besoin de moi et de
qui voudrai-je prendre soin désormais? Comment

me passerai-je du bien et du mal que tu me
faisais? Puisses-tu oublier les souffrances que je
t'ai causées et ne te rappeler que les bons jours !
Le dernier surtout qui me laissera un baume dans
le cœur et en soulagera la blessure. Adieu, mon
petit oiseau. Aime toujours ton pauvre vieux
George.

Je ne te dis rien de la part de Pagello, sinon
qu'il te pleure presque autant que moi et que quand
je lui ai redit tout ce dont tu m'avais chargée pour
lui, il a fait comme avec sa femme aveugle. Il s'est
enfui en colère et en sanglottant.

Datée de Trévise, 30 Mars.

3me. — DE LUI.

Portant le timbre de Genève 5 avril 1834.

Vendredi, 4 avril.

Mon George chéri, je suis à Genève. Je suis parti
de Milan sans avoir trouvé de lettre de toi à la
poste. Peut-être m'avais-tu écrit; mais j'avais retenu
mes places tout de suite en arrivant et le hasard a
voulu que le courrier de Venise, qui arrive toujours
deux heures avant le départ de la diligence de
Genève, s'est trouvé en retard cette fois. Je t'en

prie, si tu m'as écrit à Milan, écris au directeur de
la poste de me faire passer ta lettre à Paris; je la
veux, n'eût-elle que deux lignes. Ecris-moi à
Paris, mon amie, je t'ai laissée bien lasse, bien
épuisée de ces deux mois de chagrin; tu me l'as dit
d'ailleurs, tu as bien des choses à me dire. Dis-moi
surtout que tu es tranquille, que tu seras heureuse.
Tu sais que j'ai très bien supporté la route.
Antonio doit t'avoir écrit. Je suis fort, bien portant, presque heureux. Te dirai-je que je n'ai pas
souffert, que je n'ai pas pleuré bien des fois dans
ces tristes nuits d'auberge? Ce serait me vanter
d'être une brute, et tu ne me croirais pas.

Je t'aime encore d'amour, George. Dans quatre
jours, il y aura trois cents lieues entre nous, pourquoi ne parlerais-je pas franchement? A cette
distance là il n'y a plus ni violences ni attaques de
nerfs; je t'aime, je te sais auprès d'un homme que
tu aimes, et cependant je suis tranquille. Les larmes
coulent abondamment sur mes mains tandis que
je t'écris, mais ce sont les plus douces, les plus
chères larmes que j'aie versées. Je suis tranquille;
ce n'est pas un enfant épuisé de fatigue qui te parle
ainsi. J'atteste le soleil que j'y vois aussi clair dans
mon cœur, que lui dans son orbite. Je n'ai pas
voulu t'écrire avant d'être sûr de moi; il s'est

passé tant de choses dans cette pauvre tête! De
quel rêve étrange je m'éveille!

Ce matin, je courais les rues de Genève, en
regardant les boutiques ; un gilet neuf, une belle
édition d'un livre anglais, voilà ce qui attirait mon
attention. Je me suis aperçu dans une glace, j'ai
reconnu l'enfant d'autrefois. Qu'avais-tu donc fait,
ma pauvre amie? C'était là l'homme que tu voulais
aimer! Tu avais dix ans de souffrance dans le
cœur, tu avais, depuis dix ans, une soif inextinguible de bonheur, et c'était là le roseau sur lequel
tu voulais t'appuyer! Toi m'aimer! mon pauvre
George! Cela m'a fait frémir. Je t'ai rendue si
malheureuse! et quels malheurs plus terribles
n'ai-je pas encore été sur le point de te causer! Je
le verrai longtemps, mon George, ce visage pâli
par les veilles qui s'est penché dix-huit nuits sur
mon chevet! Je te verrai longtemps dans cette
chambre funeste où tant de larmes ont coulé.

Pauvre George! Pauvre chère enfant! Tu t'étais
trompée; tu t'es crue ma maîtresse, tu n'étais que
ma mère; le ciel nous avait fait l'un pour l'autre;
nos intelligences, dans leur sphère élevée, se sont
reconnues comme deux oiseaux des montagnes,
elles ont volé l'une vers l'autre, mais l'étreinte a été
trop forte; c'est un inceste que nous commettions.

Eh bien, mon unique amie, j'ai été presque un bourreau pour toi, du moins dans ces derniers temps ; je t'ai fait beaucoup souffrir, mais Dieu soit loué, ce que je pouvais faire de pis encore, je ne l'ai pas fait. Oh mon enfant, tu vis, tu es belle, tu es jeune, tu te promènes sous le plus beau ciel du monde, appuyée sur un homme dont le cœur est digne de toi. Brave jeune homme! Dis-lui combien je l'aime, et que je ne puis retenir mes larmes en pensant à lui. Eh bien, je ne t'ai donc pas dérobée à la Providence, je n'ai donc pas détourné de toi la main qu'il te fallait pour être heureuse! j'ai fait peut-être en te quittant, la chose la plus simple du monde, mais je l'ai faite, mon cœur se dilate malgré mes larmes. J'emporte avec moi deux étranges compagnes, une tristesse et une joie sans fin. Quand tu passeras le Simplon, pense à moi, George ; c'était la première fois que les spectres éternels des Alpes se levaient devant moi, dans leur force et dans leur calme. J'étais seul dans le cabriolet, je ne sais comment rendre ce que j'ai éprouvé. Il me semblait que ces géants me parlaient de toutes les grandeurs sorties de la main de Dieu. Je ne suis qu'un enfant, me suis-je écrié, mais j'ai deux grands amis, et ils sont heureux.

Ecris-moi, mon George. Sois sûre que je vais m'occuper de tes affaires. Que mon amitié ne te soit jamais importune. Respecte-la, cette amitié plus ardente que l'amour, c'est tout ce qu'il y a de bon en moi, pense à cela, c'est l'ouvrage de Dieu. Tu es le fil qui me rattache à lui ; pense à la vie qui m'attend.

3me. — RÉPONSE D'ELLE.

Datée, en tête, du 15 avril, et, à la fin, du 17.

J'étais dans une affreuse inquiétude, mon cher ange, je n'ai reçu aucune lettre d'Antonio. J'avais été à Vicence, exprès pour savoir comment tu aurais passé cette première nuit. J'avais appris seulement que tu avais traversé la ville dans la matinée. J'avais donc pour toutes nouvelles de toi les deux lignes que tu m'as écrites de Padoue et je ne savais que penser. Pagello me disait que certainement au cas où tu serais malade, Antonio nous écrirait, mais je sais que les lettres se perdent ou restent six semaines en route dans ce pays-ci. J'étais au désespoir. Enfin j'ai reçu ta lettre de Genève. Oh ! que je t'en remercie mon enfant ! Qu'elle est bonne et qu'elle m'a fait de bien. Est-ce bien vrai que tu n'es pas malade, que tu es fort, que tu ne souffres pas? Je crains toujours que par affection, tu ne m'exagères cette bonne santé. Oh! que Dieu te la donne et te la conserve! mon cher petit. Cela est aussi nécessaire à ma vie désormais que ton amitié. Sans l'une ou sans l'autre, je ne puis pas espérer un seul beau jour pour moi.

Ne crois pas, ne crois pas, Alfred, que je puisse être heureuse avec la pensée d'avoir perdu ton cœur. Que j'aie été ta maitresse ou ta mère, peu importe. Que je t'aie inspiré de l'amour ou de l'amitié; que j'aie été heureuse ou malheureuse avec toi, tout cela ne change rien à l'état de mon âme à présent. Je sais que je t'aime et c'est tout. (*Ici trois lignes rayées.*) Veiller sur toi, te préserver de tout mal, de toute contrariété, t'entourer de distractions et de plaisirs, voilà le besoin et le regret que je sens depuis que je t'ai perdu.

Pourquoi cette tâche si douce et que j'aurais remplie avec tant de joie, est-elle devenue peu à peu si amère et puis tout à coup impossible? Quelle fatalité a changé en poison les remèdes que je t'offrais? Pourquoi, moi qui aurais donné tout mon sang pour te donner une nuit de repos et de calme, suis-je devenue pour toi un tourment, un fléau, un spectre? Quand ces affreux souvenirs m'assiègent (et à quelle heure me laissent-ils en

paix!) je deviens presque folle. Je couvre mon
oreiller de larmes. J'entends ta voix m'appeler
dans le silence de la nuit. Quest-ce (*sic*) qui m'appellera, à présent? Qui est-ce qui aura besoin de
mes veilles? A quoi emploierai-je la force que j'ai
amassée pour toi, et qui maintenant se tourne
contre moi-même? Oh! mon enfant, mon enfant!
que j'ai besoin de ta tendresse et de ton pardon!
Ne parle pas du mien, ne me dis jamais que tu as
eu des torts envers moi. Qu'en sais-je? Je ne me
souviens plus de rien, sinon que nous avons été
bien malheureux et que nous nous sommes quittés.
Mais je sais, je sens que nous nous aimerons toute
la vie avec le cœur, avec l'intelligence, que nous
tâcherons, par une affection sainte (*ici un mot
rayé*) de nous guérir mutuellement du mal que
nous avons souffert l'un pour l'autre.

Hélas non! ce n'était pas notre faute. Nous
suivions notre destinée, et nos caractères plus
âpres, plus violents que ceux des autres, nous
empêchaient d'accepter la vie des amants ordi-
naires. Mais nous sommes nés pour nous connaître
et pour nous aimer, sois-en sûr. Sans ta jeunesse et
la faiblesse que tes larmes m'ont causée, un matin,
nous serions restés frère et sœur. Nous savions
que cela nous convenait. Nous nous étions

prédit les maux qui nous sont arrivés. Eh bien
qu'importe, après tout? Nous avons passé par un
rude sentier, mais nous sommes arrivés à la hau-
teur où nous devions nous reposer ensemble. Nous
avons été amants, nous nous connaissons jusqu'au
fond de l'âme. Tant mieux. Quelle découverte
avons-nous faite mutuellement qui puisse nous
dégoûter l'un de l'autre? Oh! malheur à nous, si
nous nous étions séparés dans un jour de colère,
sans nous comprendre, sans nous expliquer! C'est
alors qu'une pensée odieuse eût empoisonné notre
vie entière; c'est alors que nous n'aurions jamais
cru à rien. Mais aurions-nous pu nous séparer ainsi?
Ne l'avons-nous pas tenté en vain plusieurs fois?
Nos cœurs enflammés d'orgueil et de ressentiment
ne se brisaient-ils pas de douleur et de regret,
chaque fois que nous nous trouvions seuls? Non,
cela ne pouvait pas être. Nous devions, en renonçant
à des relations devenues impossibles, rester liés
pour l'éternité. Tu as raison, notre embrassement
était un inceste, mais nous ne le savions pas. Nous
nous jetions innocemment et sincèrement dans le
sein l'un de l'autre. Eh bien, avons-nous un seul
souvenir de ces étreintes qui ne soit chaste et saint?
Tu m'as reproché, dans un jour de fièvre et de
délire, de n'avoir jamais su te donner les plaisirs

de l'amour. J'en ai pleuré alors, et maintenant je
suis bien aise qu'il y ait quelque chose de vrai dans
ce reproche. Je suis bien aise que ces plaisirs aient
été plus austères, plus voilés que ceux que tu
retrouveras ailleurs. Au moins tu ne te souvien-
dras pas de moi dans les bras des autres femmes.
Mais quand tu seras seul, quand tu auras besoin
de prier et de pleurer, tu penseras à ton George, à
ton vrai camarade, à ton infirmière, à ton ami, à
quelque chose de mieux que tout cela. Car le sentiment qui nous unit s'est formé de tant de choses
qu'il ne se peut comparer à aucun autre. Le
monde n'y comprendra jamais rien. Tant mieux.
Nous nous aimerons, et nous nous moquerons
de lui.

A propos de cela, je t'ai écrit une longue lettre
sur mon voyage dans les Alpes, que j'ai intention
de publier dans la Revue si cela ne te contrarie pas.
Je te l'enverrai, et si tu n'y trouves rien à redire, tu la
donneras à Buloz. Si tu veux y faire des corrections
et des suppressions, je n'ai pas besoin de te dire
que tu as droit de vie et de mort sur tous mes
manuscrits passés, présents et futurs. Enfin, si tu
la trouves entièrement *impubliable*, jette-la au feu
ou mets-la dans ton portefeuille *ad libitum*. Je te
fais passer une lettre de ta mère, que j'ai reçue

ces jours-ci, plus les vers que tu as oubliés dans mon buvard, et que je recopie pour qu'ils tiennent moins de place.

Qu'est-ce que je te dirai de ma position? Je suis encore sur un pied et ne sais précisément ce qui adviendra de moi. Je suis à Venise en attendant que j'aie l'argent et la liberté nécessaires pour aller à Constantinople. Mais je voudrais auparavant remplir mes engagements avec Buloz. C'est pourquoi je travaille du matin au soir. Mais je n'ai pas encore touché à *André*, car il y a bien peu de jours que j'ai la force de travailler, et ces jours-là, je les ai employés à t'écrire cette lettre sur les Alpes. J'ai bien envie d'y retourner. Mais alors quand finirai-je André? Ce Tyrol me met des idées si différentes dans la tête! J'irai certainement y composer le plan de *Jacques* (dis à Buloz que *Jacques* est commencé). En attendant, je tâche de reprendre goût au travail. Je fume des pipes de quarante toises de longueur et je prends pour vingt-cinq mille francs de café par jour. Je vis à peu près seule. Rebizzo vient me voir une demi-heure le matin. Pagello vient dîner avec moi et me quitte à huit heures. Il est très occupé de ses malades dans ce moment-ci et son ancienne maîtresse qui s'est repris pour lui d'une passion féroce depuis qu'elle le croit infidèle, le rend véritablement malheureux. Il est si bon et si doux qu'il n'a pas le courage de lui dire qu'il ne l'aime plus et véritablement il devrait le faire, car c'est une furie et de plus elle lui fait des traits. Mais qui lui conseillera d'être rigoureux? Ce n'est pas moi. Cette femme vient me demander de les réconcilier, je ne peux pas faire autrement, quoique je sente bien que je leur rends à l'un et à l'autre un assez mauvais service. Pagello est un ange de vertu et mériterait d'être heureux. C'est pourquoi je ne devrais pas le réconcilier avec l'Arpalice. Mais c'est pourquoi aussi je partirai.

En attendant je passe avec lui les plus doux moments de ma journée à parler de toi. Il est si sensible et si bon, cet homme, il comprend si bien ma tristesse, il la respecte si religieusement ! C'est un muet qui se ferait couper la tête pour moi. Il m'entoure de soins et d'attentions dont je ne me suis jamais fait l'idée. Je n'ai pas le temps de former un souhait. Il devine toutes les choses matérielles qui peuvent servir à me rendre la vie meilleure. *(Ici une ligne et demie supprimée.)* J'ai une espèce de siège à soutenir contre tous les curieux qui s'attroupent déjà autour de ma cellule. Je ne sais pourquoi il en est toujours ainsi quand

on veut vivre seule. Mais les importuns sont déjà
à ma porte. Je ne sais quelles chipies ont lu mes
romans et ont découvert que je suis à Venise. Elles
veulent me voir et m'inviter à leur conversazioni.
Je ne veux pas en entendre parler, je m'enferme
dans ma chambre et comme une divinité dans son
nuage, je m'enveloppe dans la fumée de ma pipe.

J'ai un ami intime qui fait mes délices et que tu
aimerais à la folie. C'est un sansonnet familier
que Pagello a tiré un matin de sa poche et qu'il
a mis sur mon épaule. Figure-toi l'être le
plus insolent, le plus poltron, le plus espiègle, le
plus gourmand, le plus extravagant. Je crois que
l'âme de Jean Kreystler est passée dans le corps de
cet animal. Il boit de l'encre, il mange le tabac de
ma pipe tout allumée. La fumée le réjouit beaucoup
et tout le temps que je fume il est perché sur le
bâton et se penche amoureusement vers la capsule
fumante. Il est sur mon genou ou sur mon pied
quand je travaille. Il m'arrache des mains tout
ce que je mange. Il foire sur le *bel vestito* de
Pagello. Enfin c'est un animal charmant. Bientôt
il parlera. Il commence à essayer le nom de George.

Adieu, adieu, mon cher petit enfant. Ecris-moi
bien souvent, je t'en supplie. Oh! que je voudrais
te savoir arrivé à Paris et bien portant!

Souviens-toi que tu m'as promis de te soigner.
Adieu, mon Alfred, aime ton George.

Envoye-moi, je te prie, douze paires de gants
glacés, six jaunes et six de couleur. Envoye-moi
surtout les vers que tu m'as faits. *Tous.* Je n'en ai
pas un seul.

Je te prie de reprendre chez moi un exemplaire
d'Indiana, un de Valentine et un de Lélia. Je crois
qu'il en reste deux de Lélia, dont un en vélin que
je te prie de ne pas m'envoyer parce que cet envoi
peut se perdre. Joins à ce paquet les Contes
d'Espagne ; le Spectacle, Rolla et les autres numéros
de la Revue où sont Marianne, Andréa, Fantasio,
enfin tout ce que tu as écrit! Mais procure-moi
des exemplaires non reliés et n'expose pas ceux
que j'ai dans ma petite collection aux chances du
voyage. Tiens ce paquet tout prêt chez toi à mon
adresse. San Fantin, casa Mezzani, corte Minelli.
On ira le prendre chez toi avec une lettre de
Pagello ou de moi. Il est déjà question ici de traduire nos œuvres et on les demande à grands cris.
Envoye-moi dans ta prochaine lettre tous les vers
que tu as faits pour moi depuis les premiers jusqu'aux derniers. Tu trouveras les premiers dans
mon livre de cuir de Russie. Si tu ne veux pas
aller chez moi, fais-toi remettre tout cela par

Boucoiran. (*) Plus tard tu renverras par la diligence plusieurs petits objets que je te demanderai mais qu'il ne faut pas mettre avec les livres. Pagello veut t'écrire, mais il est trop occupé aujourd'hui. Il me charge de t'embrasser pour lui et de te recommander d'avoir soin de son malade.

4me. — DE LUI.

Adresse : *Monsieur Pagello Dr Mr Farmacia Armillo C.*
San Luca, pour remettre à *Madame Sand*,
Venise, roy^e Lombardo-Vénitien.

19 avril. — Portant le timbre de Paris du 21 avril.

Mon amie chérie, je suis à Paris depuis le 12. J'ai fait venir Buloz le lendemain de mon arrivée. L'important, c'est d'envoyer la fin d'*André*. Jusque-là il n'est guère possible d'obtenir grand'chose. Quant au prix, il le donnera; je n'ai pas eu l'air d'en douter un instant. « C'est bien cher ». Voilà tout ce qu'il a dit.

Tu me dis, mon enfant, que tu veux aller à Constantinople. Avec quoi y vivras-tu? Si tu ne renonces pas à tes enfants comment en reviendras-tu? Et quand même tu y renoncerais pour un temps,

---

(*) Ami de George Sand et ancien précepteur de son fils.

n'es-tu pas trop fière pour faire des dettes?
Explique-toi, là-dessus si la tranquillité de ton
pauvre Mussaillon est quelque chose pour toi. Si
je fais payer à Buloz d'une part ton loyer, d'autre part S. de la R. (*) et quelques autres dettes,
je crois, dont tu m'as parlé, que te restera-t-il?
Peut-être de quoi vivre quelques mois à
Venise, mais assurément pas de quoi la quitter.
Songe, mon enfant, que c'est le dernier argent qui
te reste à toucher, peut être d'ici à longtemps.
De mon côté, je ne sais même pas comment faire
à Buloz une malheureuse comédie (faire une
comédie!) dont je lui dois déjà le prix... J'enrage,
mais qu'y faire? Réfléchis, je t'en prie, et écris-
moi sérieusement tes projets. Tout ce qui dépendra
de moi sera fait. Compte là dessus, quand je
devrais me mettre des jambes et des bras postiches.
Malheureusement la tête ne peut se remplacer.

Que je te remercie de ta lettre, mon amie. Je ne
m'attendais pas à voir sitôt de ton écriture. Tu me
dis de te parler de mes souffrances. Physiquement,
je suis arrivé presque bien portant, quoique un
coup de soleil sur la figure et une érésypèle aux
jambes me rendissent horriblement ridicule. Grâce

(*) Probablement Sosthène de La Rochefoucaud.

à Dieu, je suis debout aujourd'hui, et guéri, sàuf
une fièvre lente qui me prend tous les soirs au
lit et dont je ne me vante pas à ma mère, parce que
le temps seul et le repos peuvent la guérir. Du
reste, à peine dehors du lit, je me suis rejeté à
corps perdu dans mon ancienne vie. Comment te
dire jamais ce qui s'est passé dans cette cervelle
depuis mon départ? Mais, en somme, j'ai beaucoup
souffert, et j'étais arrivé ici avec la ferme intention
de me distraire et de chercher un nouvel amour.
Je n'ai pas encore dîné une fois chez ma mère.
J'avais arrangé avant-hier une partie quarrée avec
Dalton. On m'avait mis, à côté de moi, une pauvre
fille d'opéra qui s'est trouvée bien sotte, mais
moins sotte que moi. Je n'ai pu lui dire un mot et
suis allé me coucher à huit heures. Je suis retourné
dans tous les salons où mon impolitesse habituelle
ne m'a pas ôté mes entrées. Que veux-tu que je
fasse? Plus je vais, plus je m'attache à toi, et bien
que très tranquille, je suis dévoré d'un chagrin qui
ne me quitte plus.

Tes meubles sont couverts de grandes couver-
tures de laine, ton lit n'a que les matelas, et les
fenètres sont sans rideaux. J'ai cru que j'entrais
dans l'appartement d'un mort. Je ne saurais rester
là-dedans. La seule chose qui me reste à faire,

c'est de m'enfermer, mais je ne peux pas encore
travailler, et dès que l'imbécille (*sic*) réfléchit un
quart d'heure, voilà les larmes qui arrivent. Mon
amie, tu m'as écrit une bonne lettre, mais ce ne sont
pas de ces lettres-là qu'il faut m'écrire. Tu me dis
que tu vas t'isoler et penser à moi ; que veux-tu
que je devienne quand je lis des mots pareils !
Dis-moi plutôt, mon enfant, que tu t'es donnée à
l'homme que tu aimes, parle-moi de vos joies —
non, ne me dis pas cela. Dis-moi simplement
que tu aimes et que tu es aimée ; alors je me sens
plein de courage et je demande au ciel que cha-
cune de mes souffrances se change en joie pour
toi. Alors je me sens seul, seul pour toujours, et
la force me revient car je suis jeune, et la vie ne
veut pas mourir dans sa sève. Mais songe que je
t'aime, qu'un mot de toi pourra toujours décider
de ma vie et que le passé tout entier se retourne
en l'entendant.

Il ne faut pas m'en vouloir, mon enfant, de tout
cela. Je fais ce que je peux (peut-être plus). Songe
qu'à présent il ne peut plus y avoir en moi ni
fureur, ni colère ; ce n'est pas ma maîtresse qui
me manque, c'est mon camarade George. Je n'ai
pas besoin d'une femme, j'ai besoin de ce regard
que je trouvais à côté de moi pour me répondre ;

il n'y a là ni amour importun ni jalousie, mais une tristesse profonde : Je regardais l'autre soir cette table où nous avons lu ensemble Gœtz de Berlinchingen; je me souvenais du moment où j'ai posé le livre sur la table après le dernier cri du héros mourant : liberté, liberté! Tu étais beaucoup pour moi, ma pauvre amie, plus que tu ne croyais, et que je ne croyais moi-même.

Tu es donc dans les Alpes? N'est-ce pas que c'est beau? Il n'y a que cela au monde. Je pense avec plaisir que tu es dans les Alpes. Je voudrais qu'elles pussent te répondre, elles te raconteraient peut être ce que je leur ai dit. O mon enfant, c'est là cependant qu'il est triste d'être seul !

Planche, Monsieur Sandeau et Regnault vomissent, à ce que m'a dit Buloz, tout ce qu'ils ont dans les entrailles contre moi, ce qui m'est bien égal. Mme Hennequin avait fait à ma mère tous les cancans possibles sur ton compte. Je n'ai pas eu de peine à la désabuser, il a suffi de lui parler des nuits que tu as passées à me soigner; c'est tout pour une mère.

Du reste l'Europe littéraire est morte, en sorte que les journaux n'ont pas donné signe d'attaque contre toi. Je n'ai trouvé qu'admiration, comme au temps d'Indiana.

Adieu, ma sœur adorée. Va au Tyrol, à Venise, à Constantinople ; fais ce qui te plaît, ris et pleure à ta guise, mais le jour où tu te retrouveras quelque part seule et triste, comme à ce Lido, étends la main avant de mourir et souviens-toi qu'il y a dans un coin du monde un être dont tu es le premier et le dernier amour. Adieu mon amie, ma seule maîtresse, écris-moi surtout, écris-moi.

— Tu as dû recevoir une lettre de Genève.

4me. — RÉPONSE D'ELLE.

Venise, 29 avril.

Tu es un méchant, mon petit ange. Tu es arrivé le 12 et tu ne m'as écrit que le 19. J'étais dans une inquiétude mortelle. Si j'avais eu au moins deux lignes d'Antonio qui m'eussent appris ton arrivée et qui m'eussent rassuré sur ta santé j'aurais attendu plus patiemment une lettre de toi. Mais ne recevant pas signe de vie j'ai beaucoup souffert et j'ai imaginé les choses les plus noires. Enfin te voilà installé, tu souffres aussi mais tu vis, mais tu as assez de force pour chercher, sinon pour trouver moyen de te distraire. C'est beaucoup mieux que tous les rêves affreux que j'ai faits. Ta lettre est triste, mon ange, mais elle est bonne et affectueuse pour moi. Oh! quelque (*sic*) soit la disposition de ton esprit, je trouverai toujours ton cœur, n'est-ce pas, mon bon petit?

Je viens de recevoir ta lettre, il y a une heure, et bien qu'elle m'ait émue douloureusement en plus d'un endroit, je me sens plus forte et plus heureuse que je ne l'ai été depuis quinze jours. Ce qui me fait mal, c'est l'idée que tu ne ménages pas ta pauvre santé. Oh! je t'en prie à genoux, pas encore de vin, pas encore de filles! C'est trop tôt. Songe à ton corps qui a moins de force que ton âme et que j'ai vu mourant dans mes bras. Ne t'abandonne aux plaisirs que quand la nature viendra te le demander impérieusement mais ne le cherche pas comme un remède à l'ennui et au chagrin, c'est le pire de tous (*ici quelques mots rayés*). Ménage cette vie que je t'ai conservée, peut-être, par mes veilles et mes soins. Ne m'appartient-elle pas un peu, à cause de cela? Laisse-moi le croire, laisse-moi être un peu vaine d'avoir consacré quelques fatigues de mon inutile et sotte existence à sauver celle d'un homme comme toi. Songe à ton avenir, qui peut écraser tant d'orgueils ridicules et faire oublier tant de gloires présentes. Songe à mon amitié qui est une chose éternelle et sainte désormais et qui te sui-

vra jusqu'à la mort. Tu aimes la vie et tu as bien
raison. Dans mes jours d'angoisse et d'injustice,
j'étais jalouse de tous les biens que tu pouvais et
que tu devais me préférer. Aujourd'hui, je t'aime
sans fièvre et sans désespoir. Je voudrais te mettre
sur le trône du monde et t'inviter à venir quelquefois sonner et philosopher dans ma cellule. Te
voir arriver à l'éclat que doit avoir ta destinée
et te voler au monde de temps en temps pour te
donner les joies du cœur, c'est ce que j'ambitionne
et c'est ce que j'espère.

Je t'envoie la lettre dont je t'ai parlé (*) je l'ai
écrite comme elle m'est venue et sans songer à
tous ceux qui devaient la lire. Je n'y ai vu qu'un
cadre et un prétexte pour parler tout haut de
ma tendresse pour toi et pour fermer tout à coup
la bouche à ceux qui ne manqueront pas de
dire que tu m'as ruinée et abandonnée. En la
relisant, j'ai craint pourtant qu'elle ne te semblât
ridicule. Le monde, que tu as recommencé à fré-
quenter, ne comprend rien à ces sortes de choses
et peut-être te dira-t-on que cet amour imprimé
est comique et anti-mériméen. Si tu m'en crois,
tu laisseras dire et tu donneras la lettre à la Revue.

(*) 1re des *Lettres d'un voyageur.*

S'il y a quelque ridicule à encourir, il n'est que
pour ton oisillon qui s'en moque et qui aime mieux
le blâme que la louange de certaines gens. Que
les belles dames crient au scandale, que t'importe ? Elles ne t'en feront la cour qu'un peu
plus tendrement. D'ailleurs il n'y a pas de nom
tracé dans cette lettre et on peut la prendre pour
un fragment de roman. Nul n'est obligé de savoir
si je suis une femme. En un mot, je ne la crois
pas trop inconvénante. Pour la forme, tu en jugeras,
tu retrancheras ou changeras ce que tu voudras,
tu la jetteras au feu si tu veux. Ne crains pas
de me fâcher en me disant qu'il ne te plait pas
de la laisser publier. Je suis ici dans un monde
si différent de celui où tu retournes, toutes les
idées que je comprenais là-bas me semblent si
étranges dans la solitude où je m'enfonce, que je
ne puis être juge et que je m'en rapporterai
absolument à toi.

Ne t'inquiète pas de mes projets de voyage, de
mes tristesses, de mes *Stranezze*. Je suis dans un
singulier état moral, entre une existence qui n'est
pas bien finie et une autre qui n'est pas encore
commencée. J'attends, je me laisse aller au hazard,
je travaille, j'occupe mon cerveau et je laisse un
peu reposer mon cœur. J'ai été malade plusieurs

jours. Pagello m'a saignée et je suis bien. Mais cette
indisposition m'a empêchée de quitter Venise, et
maintenant le manque d'argent me force d'y rester,
en attendant qu'il m'en vienne. J'ai eu à payer des
petites dettes plus fortes que je ne croyais, mais
je n'ai manqué de rien, sois sans inquiétude. J'ai
encore de quoi vivre une quinzaine et la bourse de
Rebizzo m'est ouverte à discrétion. Mon petit indi-
vidu a besoin de si peu pour subsister que je n'y ai
pas eu recours. Je ne veux pas faire de dettes pour
mon plaisir, aussi je ne voyagerai que si je le peux
par moi-même. Il me faut très peu pour me
promener à pied dans les montagnes, mais je ne
m'y risquerai de nouveau que quand je serai bien
sûre de ma force physique. Dors donc en repos sur
mon compte, ta tranquillité m'est sacrée, mon cher
enfant, et j'aimerais mieux recevoir toutes les
insultes de la terre que de donner lieu à d'injustes
reproches contre toi. Tu n'entendras donc pas
dire que je suis morte de désespoir ou de misère
dans quelque coin. J'aurai soin de ma vie, à condition que tu auras soin de la tienne. Conservons-
nous tous deux pour nous retrouver, pour vieillir
fraternellement en disant l'un de l'autre : nous
nous sommes connus, nous nous sommes aimés
et nous nous estimons.

Figure-toi que j'ai été jetée de prime abord dans un tissu d'aventures romanesques. Monsieur Pierre Pagello est un Don Juan sentimental qui s'est trouvé tout à coup quatre femmes sur les bras. Tous les jours tragédie et comédie nouvelle de la part de ses amantes et de ses amies. C'est un imbroglio à n'en pas finir et je t'en ferai le récit épique quand nous nous reverrons au mois d'août. Au milieu de tout cela il a eu des tracasseries avec sa maîtresse de maison et nous avons fait une association et un arrangement. Comme j'établis mon quartier général à Venise, j'ai pris le primo piano d'une maison qui sera toute à nous. Pagello et son frère au second et près de moi Guilia Puppati. — Ah! qu'est-ce que Guilia Puppati? Certainement M. Dumas dirait de belles choses là dessus. On dit dans la maison Mezzani que c'est la maitresse des deux Pagello et qu'elle et moi sommes les deux amantes du docteur. C'est aussi vrai l'un que l'autre; Guilia est une sœur clandestine, fille non avouée de leur père. Elle est jolie comme un ange et chante comme un rossignol. Elle a quelque fortune et comme elle a 28 ou 30 ans, elle est indépendante. Elle a une affaire de cœur à Venise et vient s'y établir dans quelques jours. Elle avait lu mes romans et professait pour moi un enthousiasme de fille romanesque. Nous avons fait connaissance et elle me plaît extrêmement. Nous avons donc fait ce plan de pot au feu qui me sera je crois agréable. Avec mon caractère sérieux, mon travail de cinq ou six heures par jour, mes promenades solitaires et mes projets de voyage fréquent, je n'aurai pas à souffrir des tracasseries qui adviennent toujours entre amis. Pagello est dehors toute la journée et s'endort méthodiquement sur le sofa après le dîner avec sa pipelta dans l'œil comme la flûte de Debureau. Roberto, son frère est employé à la marine et ne passe à la maison qu'une heure ou deux le soir pour fumer et boire le café; c'est un assez drôle de garçon, la seconde épreuve de mon frère pour l'insouciance et la gaité, spirituel dans son patois vénitien, indifférent à tout et pour tous, facile à vivre. Guilia est une créature sentimentale dont la figure ressemble effrontément à celle du père Pagello. C'est une pincée, demi anglaise, demi italienne, avec de grands cheveux noirs, de grands yeux bleus toujours levés au ciel, manièrée avec grâce et gentillesse, pleureuse, exaltée, un peu folle, bonne comme Pagello. Elle chante divinement et je l'accompagne avec le piano. Le reste du temps elle fera l'amour ou lira des romans.

Tu vois, cher enfant, que mon isolement n'a rien d'effrayant et que quand je serai lasse de rêver sur les Alpes ou sur le Lido, je pourrai trouver des soins et le seul genre de société intime qui me convienne. Toute autre m'est antipathique. J'ai refusé obstinément toutes les connaissances que Rebizzo voulait m'amener. Je ne reçois que lui qui vient tous les jours et sa femme très rarement. Elle ne . . . .

. . . .

(Ici un large coup de ciseau qui a enlevé environ une quinzaine de lignes de texte.)

. . . .

. . . .

. . . . . passe depuis quelques jours une vie moins tranquille... Sa maîtresse lui a arraché la moitié des cheveux et déchiré son *bel vestito.* L'autre jour j'ai entendu un vacarme épouvantable dans sa chambre. J'ai cru qu'il faisait une opération à trente chats réunis, mais la porte s'est ouverte avec fracas et j'ai entendu le docteur s'écrier : « Carogna, io ti amazzo ! (*) » Sans moi il la tuait en effet. Elle ne m'en déteste qu'un peu plus. J'ai signifié que je ne voulais plus entendre

(*) Pour *ammazo :* « Carogne, je te tue » !

parler d'elle et comme elle me faisait des menaces
d'assassinat assez sérieuses, je l'ai fait menacer de
mon côté de la recommander à la police. J'espère
qu'elle me laissera tranquille. Ce n'est pas ma
faute si Pagello ne peut plus la souffrir, elle fait
tout ce qu'il faut pour cela, et je n'ai pas assez
d'éloquence pour réparer des torts aussi graves
que la perte de ses cheveux et de son vestito.

Dans cinq jours Buloz recevra la fin d'André !
Je t'envoie un bon que je te prie de faire toucher
par Boucoiran chez Salmon. Si Boucoiran a (toutes
nos dettes payées envers lui) quelque reste de mon
mois d'avril, qu'il le joigne à ces 300 fr. du mois
de mai. Tâche de tirer de Buloz deux ou trois
cents francs à m'envoyer tout de suite. Emploie le
reste plus tard à payer mes dettes. Pour le moment
je serais bien aise de toucher une petite somme
de 7 ou 800 francs, pour faire ce voyage de Constantinople ou au moins pour me sentir le moyen
de le faire, ce qui serait pour moi une pensée de
liberté agréable au milieu de tout ce qui peut
m'advenir de bon ou de fâcheux. Dans tous les
cas, envoye-moi ce que tu pourras récolter de
Salmon et de Buloz. Peu ou prou ce sera toujours
assez pour vivre à Venise.

Je ne veux pas que tu songes à m'envoyer du

4

tien et ce que tu me dis à cet égard me fait beaucoup de peine. Ne te souviens-tu pas que j'ai ta
parole d'honneur de ne pas songer à ce rem-
boursement avant trois ans? Je te l'ai fait donner
plusieurs fois pendant ta maladie et je ne te la
rends pas. Songe que je n'ai à souffrir d'aucune
manière, que mes affaires s'arrangeront parfaitement avec ce séjour de quelques mois à Venise
et que tu ne peux te forcer au travail maintenant
sans te faire beaucoup de mal et sans t'exposer
à une rechute. Travaille pour t'amuser, pour te
distraire, rien de plus et si tu gagnes en t'amusant
quelques bons petits sous, dépense-les agréable-
ment et sans songer à moi qui ne manque de rien
et qui n'ai besoin de rien. Si j'avais cet argent et
que je fusse auprès de toi, je ne l'emploierais qu'en
courses, en toilettes et en spectacles avec toi. Nous
le mangerions... Si nous en avons quand nous
nous verrons... et nous monterons à cheval.
Adieu... de Salmon... vienne au...

*(Le coup de ciseau a enlevé au verso les
quelques mots qui manquent ici et la fin de la
lettre).*

5me. — De Lui.

Timbre de départ de Paris : 1er mai.
Timbre d'arrivée à Venise : 10 mai.

30 avril.

Ce n'est donc pas un rêve, mon frère chéri.
Cette amitié qui survit à l'amour, dont le monde se
moque tant, dont je me suis tant moqué moi-
même, cette amitié-là existe. C'est donc vrai, tu me
le dis et je le crois, je le sens, tu *m'aimes*. Que se
passe-t-il en moi, mon amie? Je vois la main de la
providence comme je vois le soleil. Maintenant
c'est fini pour toujours, j'ai renoncé, non pas à
mes amis, mais à la vie que j'ai menée avec eux.
Cela m'est impossible de recommencer, j'en suis
sûr; que je me sais bon gré d'avoir essayé! Sois
fière, mon grand et brave George, tu as fait un
homme d'un enfant. Sois heureuse, sois aimée, sois
bénie, repose-toi, pardonne-moi ! Qu'étais-je donc
sans toi, mon amour? Rappelle-toi nos conversa-
tions dans ta cellule; regarde où tu m'as pris et où tu
m'as laissé. Suis ton passage dans ma vie; regarde
comme tout cela est palpable, évident ; comme tu
m'as dit clairement : ce n'est pas là ton chemin ;
comme tu m'as pris par la main pour me remettre

dans ma route. — Assieds-toi sur le bord de cette
route sainte, ô mon enfant, tu étais trop lasse pour
y marcher longtems avec moi. — Mais moi, j'y
marcherai. Il faut que tu m'écrives souvent, que tu
me laisses t'écrire ma vie à mesure que je vivrai.
Songe à cela, je n'ai que toi, j'ai tout nié, tout blas-
phémé, je doute de tout, hormis de toi. Dis-moi,
auras-tu ce courage-là? Toutes les fois que je relè-
verai la tête dans l'orage, comme un pilote effrayé,
trouverai-je toujours mon étoile, la seule étoile de
ma nuit? Consulte-toi. Ces trois lettres que j'ai
reçues, est-ce le dernier serrement de main de la
maîtresse qui me quitte, ou le premier de l'ami qui
me reste? Mais néglige-moi, oublie-moi, qu'importe? Ne t'ai-je pas tenue? oui, je t'ai tenue et
embrassée de ces bras que voilà. Sais-tu pourquoi
je n'aime que toi? Sais-tu pourquoi quand je vais
dans le monde à présent, je regarde de travers
comme un cheval ombrageux? je ne m'abuse sur
aucun de tes défauts; tu ne mens pas, voilà pourquoi je t'aime. Je me souviens bien de cette nuit
de la lettre. (*) Mais, dis-moi, quand tous mes
soupçons seraient vrais, en quoi me trompais-tu?

_____

(*) La lettre à laquelle il est fait allusion ici se compose de
neuf lignes écrites de la main de George Sand au dos d'une

Me disais-tu que tu m'aimais ? N'étais-je pas averti ?
Avais-je aucun droit ? ô mon enfant chéri, lorsque
tu m'aimais, m'as-tu jamais trompé ? Quel reproche
ai-je jamais eu à te faire pendant sept mois que je
t'ai vue jour par jour ? Et quel est donc le lâche
misérable qui appelle perfide la femme qui l'estime
assez pour l'avertir que son heure est venue ? Le
mensonge, voilà ce que j'abhorre, ce qui me rend
le plus défiant des hommes, peut-être le plus

Canzonetta nuova sopra l'elisire d'amore, qu'on vendait dans
les rues de Venise.

« *Egli è stato molto male questa notta, poveretto? Crediva di
vedere fantasme intorno al suo letto, e gridava sempre « son
matto — je deviens fou! » Temo molto per la sua ragione.
Bisogna sapere del gondoliere si non ha bevuto vino di Cipro
nella gondola, ieri. Se fosse ubri…. »*

[Trad.: « Il a été très mal cette nuit, le pauvre enfant ! Il
croyait voir des fantômes autour de son lit et criait toujours
« je suis fou-je deviens fou !» Je crains beaucoup pour sa raison.
Il faut savoir du gondolier s'il n'a pas bu du vin de Chypre
dans la gondole, hier. S'il n'était qu'ivre… »]

Ces quelques mots écrits furtivement (au crayon) par George
Sand sur le premier papier venu pour ne pas troubler le som-
meil d'Alfred de Musset avaient pour but de renseigner le
médecin en dehors du malade, afin de ne pas alarmer celui-ci.

Il fit un mouvement et elle mit ce qu'elle écrivait dans sa
poche. Il s'en aperçut et demanda à le voir. Elle s'y refusa et
ne le lui montra que beaucoup plus tard.

Ce billet au crayon a été joint aux autographes et déposé en
même temps qu'eux à la bibliothèque nationale. (F. D.)

malheureux. Mais tu es aussi sincère que tu es
noble et orgueilleuse.

Voilà pourquoi je crois en toi et je te défendrai
contre le monde entier jusqu'à ce que je crève.
Maintenant qui voudra peut me tromper, me mal-
traiter et me déchirer, je puis souffrir, je sais que
tu existes. S'il y a quelque chose de bon en moi,
si je fais jamais quelque chose de grand de mes
mains ou de ma plume, dis-toi que tu sais d'où
cela vient ; oui, George, il y a quelque chose en
moi qui vaut mieux que je ne pensais ; lorsque
j'ai vu ce brave Pagello, j'y ai reconnu la bonne
partie de moi-même, mais pure et exempte des
souillures irréparables qui l'ont empoisonnée en
moi. C'est pourquoi j'ai compris qu'il fallait partir.
Ne regrette pas, ma sœur bien-aimée, d'avoir été
ma maîtresse. Il le fallait pour que je te connusse,
(*ici une ligne rayée*) mais ne reviens jamais sur
un mot sans raison que je t'ai dit, et que tu
me rappelles dans ta dernière lettre. Les plaisirs que j'ai trouvés dans tes bras étaient plus
chastes, c'est vrai, mais ne me dis pas qu'ils
étaient moins grands qu'ailleurs. Il faut me connaître comme je me connais moi-même pour
savoir ce qui en est. Rappelle-toi une strophe
de Namouna. — Il y avait dans tes bras un

moment dont le souvenir m'a empêché jusqu'aujourd'hui et m'empêchera encore longtems d'approcher d'une autre femme.

J'aurai cependant d'autres maitresses ; maintenant les arbres se couvrent de verdure et l'odeur
des lilas entre ici par bouffées ; tout renaît et le
cœur me bondit malgré moi. Je suis encore jeune,
la première femme que j'aurai sera jeune aussi, je
ne pourrais avoir aucune confiance dans une
femme *faite.* De ce que je t'ai trouvée, c'est une
raison pour ne plus vouloir chercher.

Je t'ai écrit tristement, la dernière fois ; peut
être lâchement ; je ne m'en souviens pas, je venais
du quai Malaquais, et j'avoue que c'est la seule
chose que je ne puisse supporter encore. Je n'y ai
été que trois fois, et toujours je suis rentré comme
abruti pour toute la journée, sans pouvoir dire un
mot à personne. J'ai retrouvé des cigarettes que
tu avais faites avant notre départ et qui étaient
restées dans la soucoupe. Je les ai fumées avec
une tristesse et un bonheur étranges. J'ai, de
plus, volé un petit peigne à moitié cassé dans
la toilette, et je m'en vais partout avec cela
dans ma poche. Tu vois que je te dis toutes
mes bêtises : mais pourquoi me ferai-je plus
héroïque que je ne suis ? Tu aideras ton cama-

rade à consoler ton amant. Sais-tu une chose qui m'a charmé dans ta lettre ? C'est la manière dont tu me parles de Pagello, de ses soins pour toi, de ton affection pour lui, et la franchise avec laquelle tu me laisses lire dans ton cœur. Traite-moi toujours ainsi. Cela me rend fier. Mon amie, la femme qui parle ainsi de son nouvel amant à celui qu'elle quitte et qui l'aime encore, lui donne la preuve d'estime la plus grande qu'un homme puisse recevoir d'une femme.

Je m'en vais faire un roman. J'ai bien envie d'écrire notre histoire (*) : il me semble que cela me guérirait et m'élèverait le cœur. Je voudrais te bâtir un autel, fût-ce avec mes os ; mais j'attendrai ta permission formelle. Je te dirai qu'on parle beaucoup de mon retour. Une chose incompréhensible, c'est que quinze jours avant mon arrivée, tout le monde savait déjà que nous étions séparés. On disait t'avoir vue à Paris, de ton côté, t'avoir parlé même, au bal de l'hôtel de ville. Peut-être as-tu, dans un mauvais jour, écrit à Buloz quelque chose de cette triste séparation. Quoi qu'il en soit, j'ai peur qu'on croie que je n'ai voulu que me défendre du ridicule tout en te défendant du

---

(*) Ce projet est devenu *la Confession d'un enfant du siècle*.

blâme. Je voudrais cependant écrire, le public n'y comprendrait rien, mais ceux qui devineraient sauraient qu'au milieu de tant de calomnies stupides, il y a une voix pour toi et que c'est celle d'un homme qui t'a connue pendant un an, précisément peut-être d'un homme que tu as quitté. Il m'est très indifférent qu'on se moque de moi mais il m'est odieux qu'on t'accuse avec toute celte histoire de maladie.

— J'ai reçu ta lettre de Trévise : quel bon, quel excellent cœur tu as, mon enfant. Oui, nous nous reverrons. Comme je m'ennuie à périr ici, je vais aller aux eaux d'Aix au mois de juillet. Si tu viens à Paris aux vacances tu m'écriras. Fussé-je à tous les Diables, il faudra que je revienne. Je ne sais trop pourquoi j'ai dans la tête que je mourrai sans t'avoir revue. Voilà encore une bêtise. Au fait, je serai ici avant toi. Je reviendrai à la fin d'août.

Ton histoire de Sansonnet me charme. C'est de lui que je suis jaloux; il danse sur tes genoux, le coquin! Sais-tu ce que je ferai? J'en achèterai un aussi, et parbleu, il aura la bonté de manger de l'encre aussi, qu'il l'aime ou non, et il criera : George, George toute la journée ; mais il ne dansera point sur mes genoux, par respect pour mes pantalons.

Dis à Pagello que je le remercie de t'aimer et de

veiller sur toi comme il le fait. N'est-ce pas la chose
la plus ridicule du monde que ce sentiment-là? je
l'aime, ce garçon, presque autant que toi ; arrange
cela comme tu voudras. Il est cause que j'ai perdu
toute la richesse de ma vie, et je l'aime comme s'il
me l'avait donnée. Je ne voudrais pas vous voir
ensemble, et je suis heureux de penser que vous
êtes ensemble. Oh! mon ange, mon ange, sois
heureuse et je le serai.

Je n'ai pas besoin de te dire que tes commissions
sont faites. Je n'ai pas encore pu me décider à
aller voir Maurice. C'est encore une lâcheté dont
je m'accuse ; mais il a une paire d'yeux noirs que
je ne verrais pas sans douleur, je l'avoue. Mon
enfant, j'ai encore une permission à te demander.
C'est de te faire quelquefois des rapsodies de sonnets, comme si tu étais encore ma maîtresse. — Et
ne l'es-tu donc plus, mon amour chéri? Tu la seras
toujours, quand tu serais au bout du monde. Je te
défie de m'empêcher de t'aimer. Franchement il
faut que je fasse ce roman — quel imbécile suis-
je de m'inquiéter des sots et de te parler d'eux! Il
faut que je le fasse ou que j'étouffe. Vois-tu,
George, la veine est ouverte, il faut que le sang
coule. — Je t'ai si mal aimée! il faut que je te dise
ce que j'ai sur le cœur.

Adieu, mon frère, mon ange, mon oiseau, ma mignonne adorée, adieu tout ce que j'aime sous ce triste ciel, tout ce que j'ai trouvé sur cette pauvre terre. Chantes-tu encore quelquefois nos vieilles romances espagnoles ? Et penses-tu quelquefois à Roméo mourant? Adieu ma Juliette. *Ramenta 'l nostr' amor.*

Sainte-Beuve me dit de te serrer la main pour lui.

Vers joints à la lettre, écrits avec la même plume, sur le même papier et portant le timbre de la poste. Adresse, *Mme Sand — San fantin — Cara Mezzani, Corte Minelli.* Venise, *Re Lombardo-Vénitien.*

1

Te voilà revenu dans mes nuits étoilées,
Bel ange aux yeux d'azur, aux paupières voilées,
Amour, mon bien suprême et que j'avais perdu.
J'ai cru pendant trois ans te vaincre et te maudire,
Et toi, les yeux en pleurs, avec ton doux sourire,
Au chevet de mon lit te voilà revenu.
Eh bien, deux mots de toi m'ont fait le roi du monde,
Mets la main sur mon cœur, sa blessure est profonde,
Elargis-là, bel ange et qu'il en soit brisé.
Jamais amant aimé mourant sur sa maîtresse
N'a dans deux yeux plus noirs bu ta céleste ivresse,
Nul sur un plus beau front ne t'a jamais baisé.

(Fait au bain, jeudi soir 2 août 1833.)

2. SONNET.

Puisque votre moulin tourne avec tous les vents,
Allez, braves humains, où le vent vous entraîne ;
Jouez en bons bouffons la comédie humaine —
Je vous ai trop connus pour être de vos gens.

Ne croyez pourtant pas qu'en quittant votre scène,
Je garde contre vous ni colère ni haine.
Vous qui m'avez fait vieux, peut-être avant le tems.
Peu d'entre vous sont bons, moins encor sont méchans.

Et nous, vivons à l'ombre, ô ma belle maîtresse !
Faisons-nous des amours qui n'aient pas de vieillesse,
Que l'on dise de nous, quand nous mourrons tous deux :

Ils n'ont jamais connu la crainte ni l'envie,
Voilà le sentier vert où, durant cette vie,
En se parlant tout bas, ils souriaient entre eux.

3. SONNET.

Telle de l'Angelus la cloche matinale
Fait dans les carrefours hurler les chiens errants,
Tel ton luth chaste et pur, trempé dans l'eau lustrale
O George, a fait pousser de hideux aboiements.

— Mais quand les vents sifflaient sur ta muse au front pâle,
Tu n'as pas renoué ses longs cheveux flottans.
Tu savais que Phébé, l'étoile virginale
Qui soulève les mers, fait baver les serpents.

— Tu n'as pas répondu, même par un sourire,
A ceux qui s'épuisaient en tourmens inconnus,
Pour mettre un peu de fange autour de tes pieds nus.

— Comme Desdémona, t'inclinant sur ta lyre,
Quand l'orage a passé tu n'as pas écouté,
Et tes grands yeux rêveurs ne s'en sont pas douté.

4. SONNET.

Il faudra bien t'y faire à cette solitude,
Pauvre cœur insensé, tout prêt à se rouvrir,
Qui sait si mal aimer et sait si bien souffrir.
Il faudra bien t'y faire, et sois sûr que l'étude,

La veille et le travail ne pourront te guérir ;
Tu vas pendant longtems faire un métier bien rude,
Toi, pauvre enfant gâté qui n'a pas l'habitude
D'attendre vainement, et sans rien voir venir.

Et pourtant, ô mon cœur, quand tu l'auras perdue,
Si tu vas quelque part attendre sa venue,
Sur la plage déserte en vain tu l'attendras.

Car c'est toi qu'elle fuit de contrée en contrée,
Cherchant sur cette terre une tombe ignorée,
Dans quelque triste lieu qu'on ne te dira pas.

                                   (Venise)

« *Sand, quand tu l'écrivais, où donc l'avais-tu vue....* »

   (Vers envoyés le 24 juin 1833 et déjà donnés ci-dessus.)

Toi qui me l'as appris, tu ne t'en souviens plus
De tout ce que mon cœur renfermait de tendresse,
Quand dans la nuit profonde, ô ma belle maitresse,
Je venais en pleurant tomber dans tes bras nus !

La mémoire en est morte — un jour te l'a ravie.
Et cet amour si doux, qui faisait sur la vie,
Glisser dans un baiser nos deux cœurs confondus —
Toi qui me l'as appris, tu ne t'en souviens plus,

5me. — Réponse d'Elle.

12 Mai (Venise).

Non, mon enfant chéri, ces trois lettres ne sont
pas le dernier serrement de main de l'amante qui
te quitte, c'est l'embrassement du frère qui te
reste. Ce sentiment-là est trop beau, trop pur et trop
doux pour que j'éprouve jamais le besoin d'en finir
avec lui. Es-tu sûr, toi, mon petit, de n'être jamais
forcé de le rompre ? Un nouvel amour ne te l'im-
posera-t-il pas comme une condition ? Que mon
souvenir n'empoisonne aucune des jouissances de
ta vie, mais ne laisse pas ces jouissances détruire et
mépriser mon souvenir. Sois heureux, sois aimé.
Comment ne le serais-tu pas ? Mais garde-moi
dans un petit coin secret de ton cœur et descends-y
dans tes jours de tristesse pour y trouver une
consolation ou un encouragement. — Tu ne parles
pas de ta santé. Cependant tu me dis que l'air du
printems et l'odeur des lilas entre dans ta chambre
par bouffées et fait bondir ton cœur d'amour et de
jeunesse. Cela est un signe de santé et de force,
le plus doux certainement que la nature nous
donne. Aime donc, mon Alfred, aime pour tout de
bon. Aime une femme jeune, belle et qui n'ait pas
encore aimé, pas encore souffert. Ménage-la et ne

la fais pas souffrir. Le cœur d'une femme est une
c'.ose si délicate quand ce n'est pas un glaçon ou
une pierre ! Je crois qu'il n'y a guère de milieu, et
il n'y en a pas non plus dans ta manière d'aimer et
d'estimer. C'est en vain que tu cherches à te retrancher derrière la méfiance, ou que tu crois te
mettre à l'abri par la légèreté de l'enfance. Ton
âme est faite pour aimer ardemment ou pour se
dessécher tout à fait. Je ne peux pas croire
qu'avec tant de sève et de jeunesse, tu puisses
tomber dans l'*auguste permanence* (*). Tu en sortirais à chaque instant, et tu reporterais malgré
toi sur des objets indignes de toi la riche effusion
de ton amour. Tu l'as dit cent fois, et tu as eu beau
t'en dédire, rien n'a effacé cette sentence-là : Il n'y
a au monde que l'amour qui soit quelque chose.
Peut-être est-ce une faculté divine qui se perd et
qui se retrouve, qu'il faut cultiver ou qu'il faut
acheter par des souffrances cruelles, par des expé-
riences douloureuses. Peut-être m'as-tu aimée avec
peine pour aimer une autre avec abandon. Peut-être
celle qui viendra t'aimera-t-elle moins que moi, et
peut-être sera-t-elle plus heureuse et plus aimée.

(*) C'est un mot que Planche employait souvent et avec lequel
elle le taquinait parfois.

Il y a de tels mystères dans ces choses, et Dieu nous pousse dans des voies si neuves et si imprévues! Laisse-toi faire, ne lui résiste pas. Il n'abandonne pas ses privilégiés. Il les prend par la main et il les place au milieu des écueils où ils doivent apprendre à vivre, pour les faire asseoir ensuite au banquet où ils doivent se reposer. Moi, mon enfant, voilà que mon âme se calme et que l'espérance me vient. Mon imagination se meurt et ne s'attache plus qu'à des fictions littéraires. Elle abandonne son rôle dans la vie réelle et ne m'entraîne plus au delà de la prudence et du raisonnement. Mon cœur reste encore et restera toujours sensible et irritable, prêt à saigner abondamment au moindre coup d'épingle. Cette sensibilité a bien encore quelque chose d'exagéré et de maladif qui ne guérira pas en un jour. Mais je vois aussi la main de Dieu qui s'incline vers moi, et qui m'appelle vers une existence durable et calme. Tous les vrais biens, je les ai à ma disposition. Je m'étais habituée à l'enthousiasme et il me manque quelquefois; mais quand l'accès de spleen est passé, je m'applaudis d'avoir appris à aimer les yeux ouverts. Un grand point pour hâter ma guérison, c'est que je puis cacher mes vieux restes de souffrance. Je n'ai pas affaire à des yeux aussi péné-

trantque les tiens et je puis faire ma figure d'oiseau malade sans qu'on s'en aperçoive. Si on me
soupçonne un peu de tristesse, je me justifie avec
une douleur de tête ou un cor au pied. On ne m'a
pas vue insouciante et folle. On ne connaît pas
tous les recoins de mon caractère. On n'en voit
que les lignes principales, cela est bien, n'est-ce pas ?
— Et puis ici, je ne suis pas Mme Sand. Le brave
Pierre n'a pas lu Lélia, et je crois bien qu'il n'y
comprendrait goutte. Il n'est pas en méfiance contre
ces aberrations de nos têtes de poètes. Il me traite
comme une femme de vingt ans et il me couronne
d'étoiles comme une âme vierge. Je ne dis rien
pour détruire ou pour entretenir son erreur, je me
laisse régénérer par cette affection douce et honnête. Pour la première fois de ma vie j'aime sans
passion.

Tu n'es pas encore arrivé là, toi. Peut être mar-
cheras-tu en sens contraire. Peut être ton dernier
amour sera-t-il le plus romanesque et le plus jeune.
Mais ton bon cœur, ton bon cœur, ne le tue pas,
je t'en prie ! Qu'il se mette tout entier ou en partie
dans toutes les amours de ta vie, mais qu'il y joue
toujours son rôle noble, afin qu'un jour tu puisses
regarder en arrière et dire comme moi : j'ai souffert souvent, je me suis trompé quelques fois, mais

5

j'ai aimé. C'est moi qui ai vécu et non pas un être
factice créé par mon orgueil et mon ennui. J'ai
essayé ce rôle dans les instans de solitude et de
dégoût, mais c'était pour me consoler d'être seul,
et quand j'étais deux, je m'abandonnais comme un
enfant, je redevenais bête et bon comme l'amour
veut qu'on soit.

Que tes lettres sont bonnes et tendres, mon cher
Alfred! La dernière est encore meilleure que les
autres ; ne t'accuse de rien, n'aie pas de remords,
si tu ne peux surmonter certaines répugnances,
certaines tristesses. Ne hasarde rien qui te fasse
souffrir. Tu as bien assez souffert pour moi. Ne
vois pas mon fils si cela te fait mal. Si tu le
vois, dis-lui qu'il ne m'a pas écrit depuis plus de
deux mois et que cela me fait beaucoup de peine.
— Je suis triste de n'avoir pas ma fille, et à présent que j'ai fixé que je ne devais pas la voir avant
le mois d'août, je pense à elle nuit et jour avec une
impatience et une soif incroyables. Qu'est-ce que
c'est que cet amour des mères? C'est encore une
chose mystérieuse pour moi. Sollicitudes, inquiétudes cent fois plus vives que dans l'amour d'une
amante et pourtant moins de joie et de transports
dans la possession. Absence qui ne s'aperçoit guère
dans les premiers jours et qui devient cruelle et

ardente comme la fièvre à mesure qu'elle se pro-
longe.

Je t'envoie une lettre pour Boucoiran que je te
prie de lui faire passer tout de suite. Je lui dis
d'aller te voir. Charge-le de celles de mes affaires
et de mes commissions qui t'ennuieront ou que tu
n'auras pas le tems de faire. Je t'envoye la liste de
ces commissions. Paye-toi avec l'argent que Buloz
ou Salmon te remettront pour moi et dis-moi au
juste où en sont mes affaires, si je puis faire payer
mon loyer et surtout Sosthènes. Je crois que Buloz
me doit encore 1500 francs sans compter la lettre
sur les Alpes que je t'ai envoyée et que je te supplie
de ne pas lui donner si elle ne te plait pas.

— Je lui ai envoyé la fin d'André ! Aye la bonté
d'en corriger les épreuves, veux-tu, mon enfant ?
Il y a deux choses à observer. D'abord que j'ai fait
en plusieurs endroits de grosses bourdes à propos
de l'âge de majorité. Il faut que tu t'assures de
l'âge où un homme peut se marier sans le consen-
tement des parens, et que tu fasses accorder les
trois ou quatre passages où j'en parle. Il me semble que dans de certains endroits je lui donne
vingt ans, et que six mois après il se trouve en
avoir 25. Ensuite, il y a une grande portion de
manuscrit, celle que tu as emportée, je crois, où

j'ai oublié de faire la division des chapitres. Arrange cela et fais concorder les chiffres que j'ai
laissés en blanc avec les précédens. Enfin, corrige
les mots bêtes, les redites, les fautes de français.
Tu sais que c'est un grand service à rendre à un
auteur absent, que de le sauver de la bêtise des
protes et de sa propre inadvertance.

Jacques est en train et va au galop. Ce n'est
l'histoire d'aucun de nous. Il m'est impossible de
parler de moi dans un livre, dans la disposition
d'esprit où je suis. Pour toi, cher ange, fais ce
que tu voudras, romans, sonnets, poèmes, parle
de moi comme tu l'entendras, je me livre à toi,
les yeux bandés. Je te remercierai à genoux
des vers que tu m'enverras et de ceux que tu m'as
envoyés. Tu sais que je les aime de passion, tes
vers, et qu'ils m'ont appelée vers toi, malgré moi,
d'un monde bien éloigné du tien.

Mon oiseau est mort, et j'ai pleuré, et Pagello
s'est mis à rire, et je me suis mise en colère, et il
s'est mis à pleurer, et je me suis mise à rire. Voilà-
t-il pas une belle histoire? J'attends qu'il m'arrive
quelques sous pour acheter une certaine tourte-
relle dont je suis éprise. Je ne me porte pas très
bien. L'air de Venise est éminemment coliqueux et
je vis dans des douleurs d'entrailles continuelles.

J'ai été très occupée d'arranger notre petite maison, de coudre des rideaux, de planter des clous, de couvrir des chaises. C'est Pagello qui a fait à peu près tous les frais du mobilier, moi j'ai donné la main d'œuvre gratis, et son frère prétend, pour sa part, s'être acquitté en esprit et en bons mots. C'est un drôle de corps que ce Robert. Il a des façons de dire très comiques. L'autre jour il me priait de lui faire un rideau parce que le popolo s'attroupait sur le pont quand il passait sa chemise. Au reste, je vis toujours sous la menace d'être assassinée par Mme Arpalice. Pagello s'est brouillé tout à fait avec elle. Giulia prend la chose au sérieux et vit pour moi dans des inquiétudes comiques. Elle me supplie de quitter le pays pour quelque tems parce qu'elle croit de bonne foi à une *coltellata*.

Voici les petits objets que je te prie de m'envoyer. Douze paires de gants glacés — deux paires de souliers de satin noir et deux paires de maroquin noir chez Michiels au coin de la rue du Helder et du boulevard. Tu lui diras de les faire un peu plus larges que ma mesure. J'ai les pieds enflés et le maroquin de Venise est dur comme du buffle, — un quart de patchouly chez Leblanc, rue Sainte-Anne, en face le n° 50, — ne te fais pas attraper,

cela vaut 2 francs le quart. Marquis le vend 6 fr.
— Le cahier de nos romances espagnoles que Boucoiran prendra chez Paultre et te portera. —
Quelques cahiers de beau papier à lettres : il est
impossible d'en trouver ici. — Un paquet de journaux liés avec un cordon qui se trouve dans une
de mes armoires de boule et que tu diras à Boucoiran de chercher. Ce sont les journaux qui ont
parlé avantageusement d'Indiana et de Valentine.
Pagello est en marché pour en vendre une traduction qu'il veut faire ; et il espère en tirer le double,
s'il peut présenter à l'éditeur des journaux favora-
bles. — N'oublie pas de joindre aux livres que je
t'ai demandés, La Marquise, Aldo le rimeur et
Metella, parce qu'on demande une opérette pour
commencer la publication. Le romantique est fort
à la mode ici. Aldo aurait, je crois, du succès. La
Marquise aussi parce qu'on est curieux à Venise
des histoires singulières, stupides et folles. Je
serais bien aise de faire gagner quelque million
(de centimes) à Pagello avec mes œuvres légères.
Je crois qu'il pourrait traduire aussi Marianne,
Fantasio ou Andréa. Je sais assez d'italien à présent pour l'aider à comprendre ta prose quoiqu'elle
soit moins abordable que la mienne à un étranger.
Il comprend très bien d'ailleurs le français imprimé

et il écrit l'italien très remarquablement à ce qu'on dit. Je crois que tes petites comédies en prose feraient rage et cela m'amuserait de nous voir devenir célèbres à Venise. — Tu mettras toutes ces choses dans une caisse avec les livres. (Tout cela peut voyager ensemble sans inconvénient) et de mettre la caisse à la diligence à l'adresse de Pagello, Farmacia Ancillo, à Venise. — Cela suffit et Pagello se charge de tout. — Adieu, mon cher petit ange, écris-moi, écris-moi toujours de ces bonnes lettres qui ferment toutes les plaies que nous nous sommes faites et qui changent en joies présentes nos douleurs passées. Je t'embrasse pour moi et pour le docteur.

Écris-moi à la farmacia Ancillo, c'est le plus prompt moyen d'avoir tes lettres dès le matin.

En haut de la page en post scriptum une ligne coupée et ces mots.

. . . est-il aussi mauvais que par le passé? As-tu entrevu le gigantesque col de chemise? Quelquefois je me mets à rire toute seule au souvenir de nos bêtises et puis il se trouve que cela me fait pleurer. Oh! nous nous reverrons, n'est-ce pas?

6me. — De Lui.

Portant le timbre de Paris, du 10 mai 1834
et celui de Venise, du 18.

J'ai reçu ta lettre du Tyrol. Que puis-je te dire,
ma bien-aimée? Elle paraîtra le quinze dans la
Revue, c'est-à-dire dans six jours. O la meilleure,
la plus aimée des femmes! Que de larmes 'ai versées! Quelle journée! Je suis perdu, vois-tu. —
Que veux-tu que je fasse? Tu verses sur ma blessure les larmes d'une amie, le baume le plus doux
et le plus céleste qui coule de ton cœur. — Et tout
tombe comme une huile brûlante sur un fer rouge.
— Je voudrais être calme et fort, quand je t'écris. —
— Je me raisonne, je m'efforce, mais quand je
prends la plume, et quand je vois ce petit papier
qui va faire, pour t'aller trouver, ces trois cents
lieues que je viens de faire — et il n'y a au monde
que toi à qui je puisse parler de toi — pas un ami, —
pas un être — et qui d'ailleurs en serait digne? au
milieu de mes chagrins, je sens bien que j'ai un
trésor dans le cœur, je ne puis l'ouvrir à personne.
Songes-tu à ce qui s'amasse pendant tant de nuits
dans cette petite chambre, tant de jours solitaires?
et dès que je veux t'écrire, tout se presse jusqu'à
m'étouffer. Mais je souffre, amie, et qu'importe de

quoi je souffre? Tu me plaindras, tu ne te dégoû-
teras pas de moi. Figure-toi que c'est une autre que
j'aime, que c'est une maladie que j'ai. — Dieu
m'est témoin que je lutte. Tu me dis que tu es
dans un singulier état moral, entre une vie qui
n'est pas finie et une autre qui n'est pas commencée. — Et moi, où penses-tu que j'en sois? En
vérité, on dit que le tems guérit tout. J'étais cent
fois plus fort, le jour de mon arrivée qu'à présent.
Tout croule autour de moi. Lorsque j'ai passé la
matinée à pleurer, à baiser ton portrait, à adresser
à ton fantôme des folies qui me font frémir, je
prends mon chapeau, je vais et je viens, je me dis
qu'il faut en finir d'une manière quelconque.
Je cherche du moins un peu de distraction. Ici je
trouve (*) . . . .
     Si je vais voir un ami, il me propose d'aller au
bordel. Si je vais dans le monde, on me présente
à Mme une telle qui est bien aise de compléter une
petite collection — Dieu sait de quoi. — Et quand
tout cela m'a bien bourdonné aux oreilles, quand

(*) Le bas de la page, huit lignes environ, a été enlevé d'un
coup de ciseau.
     « *J'ai coupé ici des plaintes qui m'eussent bien vengée de
certaines gens. Je les ai anéanties, ne voulant pas être tentée de
punir, même après ma mort.* »   (Note de G. Sand.)

je me sens bien venir la nausée, je me retourne vers la solitude, et je la trouve si noire et si profonde, que je n'ose aller ni d'un côté ni de l'autre.

Il faut que je parte ; j'espère que Buloz va me donner de l'argent : j'irai je ne sais où. Au mois de juillet, je serai à Aix. Jusque là je n'écrirai qu'à toi et à ma mère. Au mois d'août, si tu viens à Paris, je t'attendrai à Genève ou à Lyon. Si tu es seule, je reviendrai passer quelques jours avec toi. Si tu es avec Pagello, je vous serrerai la main et j'irai à Naples — et de là à Constantinople, si je suis assez riche. J'ai peur de te voir y aller à présent, mon enfant. Un de mes amis vient d'y mourir de la fièvre. Un autre et que j'aimais beaucoup, mort dans le même climat. Roger y a attrapé une dyssentrie affreuse et la fièvre. Il en a souffert longtemps.

Pourquoi me dis-tu, dans ta lettre, que tu ne voudrais pas qu'on me fît des reproches, à cause de toi, quand je te parle de mes inquiètudes pour ta santé ? Crois-tu donc que ce soit là ma pensée ? Mon amie, songe qu'une lettre de toi met dix jours à venir ici, qu'il faut que je vive dix autres jours de cette lettre. Ne doute pas de mon cœur, je t'en supplie. Je t'ai bien méconnue, bien mal aimée, bien fait souffrir. — Mais vraiment, il y a une justice céleste. Tu me parles de gloire, d'avenir. Je ne puis rien faire de bon. Je vais publier ces deux volumes de prose de Lorenzaccio. Cela ne peut que me faire tort.

(Ici une large coupure).

A qui dire ce que j'ai dans l'âme ? J'étais muet, quand je t'ai connue. A présent je ne le suis plus, mais je n'ai personne pour m'entendre, et je n'ai encore rien dit. Tout est là, j'étends les bras dans le vide, et rien ! En vérité, je jette sur les femmes de tristes regards. J'ai encore un reste de vie à donner au plaisir et un cœur tout entier à donner à l'amour. Peut-être y en a-t-il qui accepteraient, mais moi, accepterais-je ?

Où me mène donc cette main invisible qui ne veut pas que je m'arrête ? Il faut que je parle, oui, il faut que je cesse de pleurer tout seul et de me manger le cœur pour nourrir mon cœur. Il me faut un corps dans ces bras vides, il faut que j'aie une maîtresse puisque je ne puis me faire moine. Tu me parles de santé, de ménagemens, de confiance en l'avenir ; tu me dis d'être tranquille et c'est toi, toi qui viens de m'ouvrir les veines ; tu me dis d'arrêter mon sang ! Qu'ai-je fait de ma jeunesse ? Qu'ai-je fait même de notre amour ? Vraiment, j'ai pleuré une ou deux

fois dans tes bras. Que sais-tu de moi, toi que j'ai
possédée ? C'est toi qui as parlé ; c'est toi dont la
pitié céleste m'a couvert de larmes; c'est toi qui as
laissé descendre sur ma tête le ciel de ton amour.
Et moi, je suis resté muet; il y avait en moi deux
hommes, tu me l'as dit souvent, Octave et Cœlio.
J'ai senti en te voyant que le premier mourait en
moi, mais l'autre, qui naissait, n'a pu que pleurer
ou crier comme un enfant. J'ai cessé avec toi d'être
un libertin sans cœur ; mais je n'ai commencé à
être autre chose que pendant trois matinées à
Venise, et tu dormais pendant ce tems-là.

Ne me dis pas de raisonner; plus je vois de
choses crouler sous mes pieds, plus je sens une
force cachée qui s'élève, s'élève, et se tend comme
la corde d'un arc. Ne me dis pas qu'avec une maitresse, je n'ai peut-être qu'un an ou deux à vivre.
Eh bien un ou deux ans! mais avec qui ? où? Voilà
pourquoi j'ai des envies de mettre ma blouse de
cotonnade bleue, de prendre une bouteille de
rhum avec un peu d'opium autour de ma cein-
ture et d'aller m'étendre sur le dos, sur la roche
de Fontainebleau. C'est le printems qui ne veut
pas, ce sont les fleurs et toute cette verdure qui
m'appellent à la vie; je les sens qui m'attirent,
et où m'attirent-elles? Ah ! il y a six mois, les

chaleurs du printems me faisaient le même effet
que le vin de champagne; elles me conduisaient
du sortir de la table à la première femme venue.
Que je trouvasse là deux ou trois amis en train de
chanter des couplets de cabaret, un cigare et un
canapé, tout était dit, et si je pleurais une heure
dans ma chambre, en rentrant, j'attribuais cela
à l'excitation, à l'ennui, que sais-je? et je m'endor-
mais. J'en étais encore là quand je t'ai connue.
Mais aujourd'hui, si mes sens me conduisaient chez
une fille, je ne sais ce que je ferais, il me semble
qu'au moment de la crise je l'étranglerais en
hurlant. Je n'ose pas me risquer, franchement,
même avec une fille ; mes nerfs sont si ébranlés !
J'ai un peu peur de moi. Et une femme du monde!
Partager avec un mari, voir sa maîtresse une
heure par jour, et pas tous les jours ! Donner le
quart, la moitié, ou les deux tiers de son cœur,
selon qu'elle est plus ou moins capable de vous
comprendre, selon son éducation, son tempéra-
ment, ou son habileté à mentir ! pouah ! Et où
trouver une *demoiselle* qui ne soit ni dépravée
ni bégueule, ni impudente, ni niaise et qui n'ait
pas pour unique mobile de ses paroles, de ses
bras et de ses jambes, le mariage, un et indivisible?
   Et c'est à un homme qui fait du matin au soir

de pareilles réflexions ou de pareils rêves, que tu
adresses cette lettre du Tyrol! Cette lettre sublime,
mon George, jamais tu n'as rien écrit d'aussi
beau, d'aussi divin, jamais ton génie ne s'est
mieux trouvé dans ton cœur. C'est à moi, c'est de
moi que tu parles ainsi! Et j'en suis là! et la
femme qui a écrit ces pages-là, je l'ai tenue sur
mon sein. Elle y a glissé comme une ombre
céleste, et je me suis réveillé à son dernier baiser.
Elle est ma sœur et mon amie, elle le sait, elle me
le dit. Toutes les fibres de mon corps voudraient
s'en détacher pour aller à elle et la saisir. Toutes
les nobles sympathies, toutes les harmonies du
monde nous ont poussés l'un vers l'autre, et il y
a entre nous un abîme éternel!

Eh bien puisque cela était réglé ainsi, que cette
providence si sage me sauve ou me perde à son
gré. J'ai horreur de ma vie passée, mais je n'ai
pas peur de ma vie à venir. Si en m'ouvrant le
cœur, le ciel n'a voulu que me préparer un nouveau
moyen de souffrance, je subirai les conséquences
de ma faiblesse et de ma vanité. Mais ce que j'ai
dans l'âme ne mourra pas sans en être sorti. Dans
ma jeunesse, lorsque j'étais encore pur et naïf, le
vice me paraissait un monde admirable, immense,
je m'y suis précipité avec bonheur dès que j'ai pu.

C'est aujourd'hui la même chose; quelque faible
et misérable qu'ait dû te sembler mon amour, j'ai
entrevu un nouveau monde et cela suffit. Je lis
Werther et la Nouvelle Héloïse. Je dévore toutes
ces folies sublimes dont je me suis tant moqué.
J'irai peut-être trop loin dans ce sens-là, comme
dans l'autre. Qu'est-ce que ça me fait! j'irai toujours.

Ne t'offense pas de ma douleur, ange chéri. Si
cette lettre te trouve dans un jour de bonheur et
d'oubli, pardonne-la moi, jette-la dans la lagune,
que ton cœur n'en soit pas plus troublé que son
flot tranquille; mais qu'une larme y tombe avec
elle, une de ces belles larmes que j'ai bues autrefois sur tes yeux noirs.

Tu recevras ton argent comme tu le demandes.
Buloz donnera 500 fr. J'ai écrit à Boucoiran. Dis à
Pagello que je voudrais lui écrire, mais je ne puis
pas. Je l'aime sincèrement et de tout mon cœur,
mais je ne peux lui écrire. Il sait à présent pourquoi. (*)

Donne-moi ta nouvelle adresse. Je t'écrirai après
mon départ, de l'endroit où je m'arrêterai, si je

(*) Toutes les lettres passaient par ses mains. Les dernières
lui sont adressées directement.

m'arrête. Adieu, âme de ma vie. — Quoiqu'il advienne de moi n'oublie pas ton enfant.

Ecris-moi toujours à Paris, on me fera passer tes lettres.

6me. — Réponse d'Elle.

Portant le timbre de Venise... *Maggio*
et celui de Paris, *2 juin 1834.*

Mon enfant chéri, je me soucie assez peu des propos que l'on tient sur mon compte. Que X dise quelque cochonnerie pour se divertir à sa manière cela m'est fort égal; que XX n'ait pas pour moi toute l'amitié et le zèle que j'ai pour elle, cela m'étonne médiocrement, mais que Planche dise ou donne à entendre que je t'accuse, que je te calomnie, et qu'il s'autorise d'une lettre de moi où précisément je te justifie, voilà ce qui me révolte au point que je ne veux pas le croire. Avant qu'un propos arrive de la bouche de l'un à l'oreille de l'autre, il y a des intermédiaires, ou malveillants ou stupides, qui le dénaturent. Aussi quand il s'agit de moi, je hausse les épaules et j'attends de meilleures preuves. Je sais que pour ton propre compte, tu fais de même. Mais je ne puis t'entendre calomnier sans m'agiter un peu plus. Ce qui m'indigne, c'est qu'on m'impute une phrase, une ligne, un mot contre toi. Je veux que Boucoiran te montre la lettre en question, la seule que je lui ai dit de montrer à Planche, la seule qu'il ait montrée certainement. J'ai autant de confiance en la discrétion de Boucoiran que dans celle d'un bloc de marbre. D'ailleurs, je ne me souviens pas de lui avoir parlé..... (*Une coupure de 10 lignes.*)

Je l'ai fait pour prévenir précisément les propos qui en résultent. Il faut ou que Planche soit un misérable ou que l'on ait misérablement menti en lui attribuant ces propos. Je ne peux pas croire la première hypothèse, j'ai eu de l'amitié pour lui et de l'estime, quoiqu'on m'ait dit pour m'en empêcher. Il se conduisait bien avec moi et devant moi. Tu connais mon caractère, crédule, absurde, ou loyal, peu importe. Mon cœur se refuse à repousser ceux qu'il a accueillis, sans des preuves flagrantes. Ces preuves, je ne les ai pas, et je suis vis-à-vis de Planche dans la situation la plus pénible du monde, entre le soupçon et la confiance. Je voudrais qu'il se justifiât, je voudrais pouvoir lui donner une poignée de main à mon retour à Paris. Non plus certainement le recevoir tous les jours, ni sortir avec lui, comme autrefois. J'ai bien

6

des raisons pour m'en abstenir, quand ce ne serait
que celle de ne pas t'exposer à rencontrer une
figure qui te déplait, car j'espère que nous nous
verrons tous les jours, nous deux, comme dans le
tems où nous étions camarades. Mais en vérité il
me ferait plaisir de voir ce pauvre diable justifié
des vilaines choses qu'on lui attribue contre moi.
Je l'ai éloigné de mon intimité d'une manière
qui m'eût fait de tout autre un ennemi dangereux.
Vois comme Mérimée me traite ! Certainement
Planche aurait eu plus beau jeu pour débiter
quelque infâme mensonge. Je savais qu'il était
incapable de cela et je lui ai dit en le quittant :
« un jour viendra, j'espère, où les circonstances
qui nous séparent ne seront plus aussi impé-
rieuses et où je pourrai vous voir. Je le désire
et je reste votre amie.» — Il me semble que je
dois tenir ma parole si Planche n'a pas démérité
auprès de moi. Voilà ce qu'il m'importe d'appro-
fondir et ce que je saurai à coup sûr avant mon
retour à Paris.

S'il est certain qu'il a parlé insolemment de
moi et bassement de toi, sois sûr que je ne le
reverrai de ma vie et qu'il saura pourquoi. Je t'envoie une lettre pour lui que je te prie de mettre à
la poste quand tu l'auras lue. Tu verras que je lui

parle de toi en termes positifs. S'il trahit mes
intentions et mes paroles, ou s'il l'a déjà fait, je
jure que c'est le dernier témoignage d'amitié qu'il
recevra de moi... (*Une coupure provenant de la
précédente.*)... vaste que le monde? Et Dieu lui-
même, ce que tu appelles ma chimère, ce que
j'appelle mon éternité, n'est-ce pas un amour que
j'ai étreint dans tes bras avec plus de force que
dans aucun autre moment de ma vie?

J'ai là près de moi, mon ami, mon soutien;
il ne souffre pas, lui, il n'est pas faible, il n'est pas
soupçonneux, il n'a pas connu les amertumes qui
t'ont rongé le cœur; il n'a pas besoin de ma force;
il a son calme et sa vertu. Il m'aime en paix, il est
heureux sans que je souffre, sans que je travaille à
son bonheur. Eh bien, moi, j'ai besoin de souffrir
pour quelqu'un. J'ai besoin d'employer ce trop d'é-
nergie et de sensibilité qui sont en moi. J'ai besoin
de nourrir cette maternelle sollicitude qui s'est
habituée à veiller sur un être souffrant et fatigué.
Oh! pourquoi ne pouvais-je vivre entre vous deux et
vous rendre heureux, sans appartenir ni à l'un ni à
l'autre! J'aurais bien vécu dix ans ainsi. Il est bien
vrai que j'avais besoin d'un père; pourquoi n'ai-je
pu conserver mon enfant près de moi? hélas! que
les choses de ce monde sont vaines et menteuses,

et combien le cœur de l'homme changerait s'il entendait la voix de Dieu ! Moi, je l'écoute, et il me semble que je l'entends. Et pendant ce temps les hommes me crient : horreur, folie, scandale, mensonge! — Quoi donc? Qu'est-ce? Et pourquoi ces malédictions? De quoi encore serai-je accusée?

— Je me souviens du temps où j'étais au couvent. La rue Saint Marceau passait derrière notre chapelle. Quand les forts de la halle et les maraîchères élevaient la voix, on entendait leurs blasphèmes jusqu'au fond du sanctuaire. Mais ce n'était pour moi qu'un son qui frappait les murs. Il me tirait quelquefois de ma prière dans le silence du soir. J'entendais le bruit, je ne comprenais pas le sens des juremens grossiers. Je reprenais ma prière sans que mon oreille ni mon cœur se fussent souillés à les entendre. Depuis, j'ai vécu retirée dans l'amour comme dans un sanctuaire et quelquefois les sales injures du dehors m'ont fait lever la tête, mais elles n'ont pas interrompu l'hymne que j'adressais au ciel, et je me suis dit, comme au couvent : ce sont des charretiers qui passent.

Ii est trop tard pour que j'aille à Constantinople. Les chaleurs sont venues avant mon argent. J'irai dans une autre saison, avec Pagello qui fonde avec raison peut-être, des espérances de fortune sur ce

voyage. Un bateau à vapeur s'organise pour porter
les passagers de Venise et de Trieste dans toutes
les îles de l'archipel. Sois donc tranquille pour le
moment. Je suis à Venise et je me soigne, car je
ne me porte pas absolument bien. Je suis toujours
souffreteuse comme tu sais; mais toi, comment
es-tu? J'espère que tu ne voyageras pas seul et
que tu emmèneras Antonio. L'as-tu encore, seulement? es-tu content de lui. Il ne sait guère ce
qu'il était pour moi en quittant Venise, ce perru-
quier qui me remplaçait! hélas! hélas! C'est peut-
être le sanglot le plus profond et le plus amer de
ma vie que le bruit de cette vague qui m'a déta-
chée de la rive de Fusine!

Oui, nous nous reverrons au mois d'août, quoi
qu'il arrive, n'est-ce pas? Tu seras peut-être
engagé alors dans un nouvel amour. Je le désire
et je le crains. Mon enfant, je ne sais ce qui se
passe en moi quand je prévois cela. Si je pouvais
lui donner une poignée de main, à celle-là! et lui
dire comment il faut te soigner et t'aimer. Mais
elle sera jalouse. Elle te dira : ne me parlez
jamais de Mme Sand. C'est une femme infâme. Ah!
du moins, moi, je peux parler de toi à toute heure,
sans jamais voir un front rembruni, sans jamais
entendre une parole amère. Ton souvenir est une

relique sacrée, ton nom est une parole solennelle
que je prononce le soir dans le silence des lagunes
et auquel répond une voix émue, et une douce
parole simple et laconique, mais qui me semble
si belle alors! *Io l'amo.*

Peu importe, mon enfant, aime, sois aimé, sois
heureux, et que mon souvenir n'empoisonne aucune
de tes joies. Sacrifie-le, s'il le faut. Dieu m'est
témoin pourtant que je mépriserais celui qui me
prierait non pas seulement de te maudire, mais de
t'oublier.

Adieu, mon petit ange, si tu rejoins Dieu avant
moi, garde-moi une petite place là-haut près de
toi. Si c'est moi qui pars la première, sois sûr que
je te la garderai bonne. Pagello me charge de te
dire qu'il ne t'écrit pas dans la crainte de te faire
de la peine, mais qu'il t'embrasse de toute son
âme. Moi, mon enfant, je te presse sur mon cœur
et je te bénis.

Je suis en train de t'écrire une autre lettre dans
la *Revue.* Dis-moi à qui il faut l'adresser. Je voudrais que tu la lusses en manuscrit avant les
autres. Mais si tu es en Suisse tous ces voyages
compromettront beaucoup son existence. Si tu vas
à Aix écris-moi de là et je te l'enverrai là; — tu
l'enverras ensuite à Buloz. Envoie-moi avec les

objets que je t'ai demandés, des papiers à cigare, mes symphonies de Beethoven, la walze sentimentale de Weber et la *Juliette* de Vaccaï. Tu pourrais porter avec toi cette caisse et me l'envoyer de Lyon ou de Genève. Elle me coûterait moitié moins de port.

As-tu toujours nos petits oiseaux ?

7me. — DE LUI.

Portant le timbre de Venise du 18 juin.

Je suis fâché, mon amie, de t'avoir parlé de choses que ni toi ni moi ne devrions savoir. Buloz m'en avait si bien rebattu les oreilles que cela est venu je ne sais comment sous ma plume. Mais je suis plus bas que je ne croyais dans son estime, puisque tu écris à cet homme pour lui dire de me ménager. J'ai brûlé ta lettre, n'en parlons plus. Si j'ai jamais une explication avec lui, elle sera plus sérieuse. Quant à ce que tu as écrit à Boucoiran dans l'intention qu'on le lui montrât, qu'il y soit parlé de moi ou non, tu conçois que je n'ai ni le droit ni le désir de le connaître. Je ne suis plus ton amant. Je ne suis pas encore parti, faute d'argent. Jamais je n'ai été dans une dispo-

sition si singulière. — Heureux ou malheureux,
je n'en sais rien. — Peut-être vais-je m'enfermer
dans un trou. — Peut-être les élégies dont mon
cœur est plein vont se changer en hymne. Il me
semble que la nature entière l'entonnerait avec
moi. Ma vie est dans la gueule d'un canon, et moi,
la mêche haute, j'hésite à mettre le feu. Je vais et
viens, j'avance et je recule. Un instinct singulier
me pousse et m'attire. Je ne sais si c'est de peur
ou de plaisir que je frissonne. Je vais aimer.

Il ne me sera peut-être pas très difficile de
trouver ce que je cherche, car je n'ai jamais moins
tenu à la beauté dans une femme. Malgré ma santé
qui n'a jamais été meilleure, (je suis gras comme
un moine) il me semble que je n'ai plus de sens,
dans l'acception grossière du mot. Je ne tiens
qu'à rencontrer une intelligence élevée et un cœur
vierge. Tu me dis que tu commences à t'habituer
à vivre sans l'enthousiasme, moi, mon amie chérie,
je vais commencer à le connaître. Deux êtres qui
s'aiment bien sur terre font *un* ange dans le ciel.
Voilà ce que j'ai trouvé l'autre jour dans un ouvrage
nouveau. Connais-tu une parole plus belle et plus
sublime que celle-là ?

Peut-être le monde ne saura-t-il jamais le chan-
gement qui s'est opéré en moi. Tant que je pour-

rai, je conserverai cette écorce molle et inerte qui
m'est devenue une seconde peau. Je ne sais quel
plaisir étrange j'ai toujours trouvé à sentir que je
pouvais vouloir et que je ne voulais pas. L'autre
soir, une femme que j'estime beaucoup sous le rapport de l'intelligence, dans un entretien de bonne
amitié que j'avais avec elle, commençait à se livrer.
Je m'approchais d'elle franchement et de bonne
foi, lorsqu'elle a posé sa main sur la mienne en me
disant : Soyez sûr que le jour où vous êtes né, il
est né une femme pour vous. — J'ai reculé malgré
moi. Cela est possible, me suis-je dit, mais alors
je vais chercher ailleurs, car assurément ce n'est
pas vous.

Je me fais une fête de te revoir, mon enfant, si
ton retour n'est pas un rêve ; avec quel plaisir je
reviendrai m'asseoir quelquefois dans cette petite
chambre, sur tes coussins, à terre, et te raconter,
au milieu des nuages de nos cigarettes, la nouvelle
face de mon être qui, décidément, a pris le dessus.
Que je t'aime, Georgeot! Quel bonheur que cette
amitié douce et élevée qui est restée entre nous
deux comme le parfum de nos amours! Ne crains
pas que tes lettres me fassent du mal. J'aime mieux
le mal qu'elles me font que le bien que me font les
autres. Hélas, ma chère, si je t'ai jamais fait souf-

frir ce que je souffre, pardonne-moi. Je ne savais pas ce que c'était.

Il n'en faut pas douter, George, il y a des *révélations*. Saint Augustin est, à mes yeux, l'homme le plus vrai qui ait existé. J'ai nié et je crois « voilà tout le mystère »: la foi en quelque chose, un but, — un triangle lumineux placé à la voûte de ce temple qu'on appelle le monde. — Marcher librement dans le temple, et avoir à son côté un être capable de comprendre pourquoi une pensée, un livre, un mot, une fleur font que vous vous arrêtez, et que vous relevez la tête vers le triangle céleste. Exercer les nobles facultés de l'homme est un grand bien, voilà pourquoi la poésie est une belle chose. Mais doubler ses facultés, avoir deux ailes pour monter au ciel, presser un cœur et une intelligence sur son intelligence et sur son cœur, c'est le bonheur suprême. Dieu n'en a pas fait plus pour l'homme ; voilà pourquoi l'amour est plus beau que la poésie.

Voilà pourquoi aussi je tiens tant à l'intelligence dans la femme que j'aimerai ; quant à son cœur, qu'il soit vierge, et que si je pleure dans son lit, ce ne soit pas de douleur de sentir mon cœur venir à mes lèvres, et de ne pouvoir parler. O mon Georgeot, que Dieu me protège ! Je m'agenouille

quelquefois en criant : que Dieu me protège! car
je vais me livrer. Cela est beau, n'est-ce pas, et
effrayant en même temps d'aller et de venir avec
cette pensée-là : Je vais me perdre ou me sauver?
Prie pour moi, mon enfant, quoiqu'il doive m'arriver, plains-moi. Je t'ai connue un an trop tôt. J'ai
cru longtems à mon bonheur, à une espèce d'étoile
qui me suivait. Il en est tombé une étincelle de la
foudre sur ma tête, de cet astre tremblant. Je suis
lavé par ce feu céleste, qui a failli me consumer.
Si tu vas chez Danieli, regarde dans ce lit où j'ai
souffert ; il doit y avoir un cadavre, car celui qui
s'en est levé n'est pas celui qui s'y était couché.

Comme il s'ouvre, amie bien-aimée, ce cœur qui
s'était desséché! Comme chaque mot, chaque
chose, chaque homme que je rencontre, fait se
détendre une fibre! Comme tous les objets que je
retrouve ici m'envoyent à l'âme un rayon nouveau !
Et comme tous ces rayons se pressent, se conden-
sent, jusqu'à ce qu'ils aient trouvé une issue pour
s'élancer de leur centre et retourner teints du sang
de mes veines dans la nature !

Je vais aux Boulevards, au Bois, à l'Opéra, sur le
quai, aux Champs-Elysées; cela est doux et étrange,
n'est-ce pas, de se promener tout jeune dans une
vieille vie? Tattet est de retour ; — le brave gar-

çon trouve que *je lui apparais sous un nouvel
aspect*, voilà son mot. Du reste je bois autant de
vin de champagne que devant, ce qui le rassure.

Tu reviendras, n'est-ce pas? Je retrouverai mon
bon et loyal camarade, avec son grand cœur et ses
grands yeux? ô mon petit ange, que tu es joli! que
tu m'es cher, toi, mon seul ami! Avec quel plaisir
je sens en t'écrivant que mon cœur s'épanche avec
confiance, avec amour, que je puis pleurer dans
tes bras; oh, Dieu merci! j'ai un ami, on ne me le
volera pas, il prie pour moi et moi pour lui.

Si je ne t'avais pas connue et perdue, George, je
n'aurais jamais compris ce que je devais être et
pourquoi ma mère a eu un fils. Quand nous étions
ensemble, je laissais ma stupide jeunesse tomber
lentement en poussière, mais je ne me rendais
compte de rien de ce qui se passait en moi. Je me
disais que cela valait toujours mieux que le passé,
je remettais au lendemain, je croyais qu'il serait
toujours tems, je réfléchissais et je doutais. De
plus, je suis d'une nature faible et oisive, la tranquillité de nos jours de plaisir me berçait doucement. Pendant ce tems-là, Azraël a passé, et j'ai vu
luire entre nous deux l'éclair de l'épée flamboyante.
Chose étrange, je n'ai compris qu'il fallait faire
usage de mes forces, que lorsque j'ai senti qu'elles

pouvaient manquer. J'avais une telle confiance,
une si misérable vanité! J'étais habitué depuis si
longtems à porter autour de moi tant de voiles
bizarres! à en ôter une partie avec l'un, une autre
avec l'autre! Je n'ai compris que je pouvais aimer,
que lorsque j'ai vu que je pouvais mourir. (*Cinq
lignes rayées à l'encre bleue.*)

Adieu, ma bien-aimée, dis à Pagello que je
l'embrasse et qu'il a tort de ne pas m'écrire, cela
me ferait plus de plaisir que je ne puis dire. Je
ferai tes commissions; mais il me semble qu'il est
impossible qu'on laisse passer à la douane des
gants français, des livres, et surtout des *journaux.*
Je connais quelqu'un à qui on a pris un vieux
Figaro dans lequel il avait enveloppé une brosse.
Adieu, adieu.

J'ai encore nos petits oiseaux. Antonio me quit-
tera quand je serai à Aix. Le pauvre garçon a le
mal du pays pour sa chère Venise. Hélas! J'en connais un qui l'a aussi et cependant sans y être né.

Malgré tout ce que tu m'as dit sur les belles
promesses que je t'ai faites durant ma fièvre,
j'espère, au mois de septembre, pouvoir te donner
de l'argent. En tous cas, au mois d'août, que
Buloz t'en doive ou non, il t'en donnera pour
revenir. Il me l'a dit (je crois qu'il est amoureux

de toi). Je m'occupe du reste de tes affaires, mais
je ne sais trop pourquoi Boucoiran ne vient pas
me voir.

7me. — Réponse d'Elle.

Mon enfant, je suis horriblement triste et
inquiète, je ne sais ce qu'a Boucoiran, il y a deux
mois qu'il ne m'a écrit. Depuis ce tems, je suis sans
aucune nouvelle de mon fils. Mon inquiétude et
mon chagrin augmentent tous les jours. Je n'ai
pas voulu te demander une chose qui te causait de
la répugnance, mais vraiment tu m'aurais fait le
plus grand plaisir du monde en allant le voir et en
me disant s'il se porte bien. J'imagine à présent
qu'il est mort et je suis comme folle toutes les
nuits. A cela se joint la contrariété d'être absolument sans argent et de manquer des choses les
plus nécessaires. Le tout par la négligence et l'apa-
thie incroyables de Boucoiran. Il y a plus de huit
jours que j'ai reçu une lettre de Buloz qui m'an-
nonce qu'il a *remis* 500 francs à Boucoiran, donc
Boucoiran n'est pas malade! il est amoureux certainement, parce que d'ordinaire il est d'une exactitude extrême. Mais quand l'amour le tient, il est
impossible d'en obtenir le moindre souvenir. Je le

connais de longue date et je sais ce que j'ai souffert
d'inquiétudes affreuses pour mon fils, quand monsieur roucoulait tranquillement. Pagello a mis
toutes ses pauvres *roba* (*) au Mont de piété. Je dois
200 francs à Rebizzo et je ne veux rien emprunter
de plus. La semaine prochaine il faudra que je
fasse des économies sur mon estomac, car il m'est
odieux de recevoir tout de la main d'autrui. Tout
cela me serait à peu près égal, s'il n'y avait pas
moyen de l'éviter. Mais quand j'ai travaillé, quand
j'ai gagné et touché mon salaire, et que, par la
négligence d'un ami, je suis forcée de l'attendre
indéfiniment et de demander l'aumône, cela me
met un peu en colère. Je vais retirer toutes mes
affaires des mains de Boucoiran, parce que je vois
bien que ce retard d'argent n'est pas un simple
accident, mais l'effet d'un oubli décidé, sans cela
je ne serais pas depuis deux mois dans l'ignorance
absolue de ce qui concerne mon fils. J'ai écrit à
Papet, mais il est peut-être au pays.

Paultre n'est pas d'un caractère exact et je ne
suis pas assez liée avec Sainte-Beuve pour le prier
de s'ennuyer de moi à ce point là. Mon frère est
parfaitement indifférent à tout ce qui me concerne,

(*) Affaires.

mon mari voudrait bien me savoir crevée. Toi tu
vas quitter Paris ; il va falloir que je retombe
nécessairement dans les mains de Planche, sinon de
près du moins de loin, ce qui sera encore pis, car
les cancans recommenceront sur notre prétendue
passion. Je suis dans un chagrin et dans une irri-
tation que je ne puis te dépeindre, mais que tu
comprendras, toi qui as une mère et qui sais ce
qu'elle a eu à souffrir dans sa vie.

Adieu, mon enfant, brûle ce billet de mauvaise
humeur et pardonne-moi de te parler de mes
ennuis, mais pour l'amour de Dieu, va voir mon
fils, dis-moi comment il est, s'il se souvient de
mon nom, s'il a figure humaine. Je rêvè toutes les
nuits qu'on m'apporte son squelette ou sa peau
toute sanglante. Quelle vie ! J'ai bien envie d'en
finir, bien envie, bien envie ! Tu es bon et tu
m'aimes ; Pietro aussi, mais rien ne peut empêcher
qu'on soit malheureux. Occupe-toi aussi de cet
argent, que je paie au moins mes dettes, ce sera
un chagrin de moins.

Peut-être la lettre de Boucoiran s'est-elle perdue
à la poste ; il faudrait alors qu'il fît faire vite, vite,
une autre *cambiale* au banquier, sur Papadopoli.
Il y a un tems infini que je lui demande si l'on
est content de mon fils au collège, s'il a vu ses

notes ; pas de réponse. Aie la bonté de savoir cela au moins par Sainte-Beuve, qui voit souvent M. Gaillard.

8me. — DE LUI.

Adressée à Pagello pour remettre à Madame Sand.
(Timbrée de Paris 10 juin, de Venise.. date effacée.)
Mardi 10 Juin.

Maurice se porte bien, je viens de le voir à l'instant, et il doit sortir avec moi dimanche. J'ai été de là chez André Cotier, savoir à quelle époque Boucoiran lui a remis pour toi l'argent qu'il devait te faire passer. Je ne pourrai le voir que demain, attendu que ces messieurs-là ne se dérangent que fort majestueusement, surtout lorsqu'il s'agit de pauvres gens comme nous autres.

Si demain j'apprends que l'argent ne lui a été remis que tard, c'est une négligence bien maladroite de la part de Boucoiran, mais enfin ce n'est qu'une négligence et je pourrai penser qu'à l'heure qu'il est tu dois avoir reçu ton argent. Si au contraire on me dit que l'argent a été remis à l'époque où il a dû l'être, il sera clair que la lettre qui contient le mandat se sera égarée et je t'en enverrai un autre le jour même.

7

Maurice m'a dit qu'il avait donné à M. Papet une lettre pour toi, il y a environ quinze jours ; je suppose que M. Papet l'aura mise à la poste. Du reste il y avait long temps qu'il n'avait vu Boucoiran. Il était sorti chez sa grand'mère à son dernier jour de congé.

Je te remercie, ma chère, d'avoir pensé à moi dans toutes tes inquiétudes. J'ai l'espoir que lorsque cette lettre te parviendra, tu seras déjà rassurée d'autre part sur tous ces sujets de tristesse. Cependant je ne veux pas même attendre à demain pour te parler de Maurice. Je comprends que cela doit passer avant tout. Que je suis fâché, mon enfant, que tu ne m'aies pas dit franchement ton désir à cet égard ! Tu m'écrivais d'être tranquille sur ton compte, *de ne pas chercher à vaincre certaines tristesses, certaines répugnances.* Je me figurais absolument que mes visites au collège ne pouvaient être que des hors-d'œuvre et que tu savais toujours par Boucoiran des nouvelles de ton fils. Pourquoi ne m'as-tu pas parlé franchement ? Voilà maintenant une lettre qui va mettre dix jours à te parvenir, et moi, comme un sot bavard que je suis, je t'en ai écrit une ces jours-ci, dans laquelle tu chercheras à coup sûr autre chose que mes stupides rêveries et où tu ne trouveras pas une ligne qui ne mérite d'être jetée au feu.

Pauvre Georgeot! quelle peine m'a fait ta lettre! des économies sur ton estomac! quelle horreur! Mon enfant, je t'en supplie, combats un peu ta fierté, emprunte à Rebizzo. N'es-tu pas sûre que tu auras, quoi qu'il arrive, de quoi payer quand tu voudras? Ne sais-tu pas que quand Buloz refuserait de te donner un sou, je n'ai qu'à *vouloir* pour que ma mère me donne la somme que je voudrai, *mille francs ou deux mille!* La pauvre femme me proposait de m'envoyer *telle somme qu'il me faudrait*, dans cette lettre que tu m'as renvoyée de Venise.

Ecris-moi, ma chère, si tu t'es déjà adressée à Planche comme tu me dis en avoir l'intention. Quelque mépris que j'aie pour.... (*coupure*) il a pendant mon absence dit .... (*coupure, suite*) chose trop vile et trop .... (*coupure*) .... parler Buloz, tu trouveras que j'ai raison. Si tu n'as pas encore écrit, dis-le moi, je resterai à Paris. En tous cas songe que dans quelque circonstance que tu te trouves, ma vie t'appartient, ma chère, et que c'est me rendre service que de m'en demander un pour toi. Buloz crie comme un aigle, mais il paiera ce que tu veux.

8me — Réponse d'Elle.

15 juin.

Mon enfant, je suis fâchée que tu aies si mal compris la lettre que j'écrivais à Pl. — Je ne le priais pas de te ménager, ce me semble, je lui ordonnais de respecter mes paroles et de ne pas s'en servir au rebours de la vérité et de mes intentions. — J'aurai de vive voix avec lui une explication plus dure que ma lettre, non pour te défendre auprès de lui, mais pour me plaindre d'un tort très grave de lui envers moi, et s'il ne s'en lave pas bien, je ne lui pardonnerai jamais. N'en parlons plus, c'est un fait qui m'est personnel et dont j'aurai raison. J'ai fixé mon départ d'ici au 25 août. Aide-moi à tirer de Buloz mille francs le 15 au plus tard. Je tiens extrêmement à être à Paris le 16 septembre pour voir concourir mon fils, et je voudrais arriver quelques jours auparavant pour me reposer.

Je me recommande donc à toi si tu es à Paris à cette époque, mon enfant. Si tu n'y es pas, recommande cette affaire avant de partir à Tattet. Tu sais comme ce mulet de Buloz a besoin d'être talonné. Boucoiran est mort à ce que je présume, Papet quitte Paris le 30 juin et Planche n'étant

nullement justifié auprès de moi du tort que je lui
impute j'aimerais mieux crever de faim que de lui
demander un service dans les circonstances
actuelles.

Je te demande pardon, mon cher enfant, de
t'ennuyer de ces détails. Je suis un peu dans
la position de ceux qui hésitent entre voler et
mendier, grâce à l'inconcevable incurie de mes
amis, qui m'ont laissée depuis le 1er avril, sans
autre secours que cent francs. Et j'ai, depuis ce
tems, énormément travaillé, et j'ai à Paris de
l'argent plus qu'il ne m'en faut pour payer les
plus pressées de mes dettes et pour bien vivre ici.
Fâche-toi donc et fais à Mr Boucoiran, à qui j'avais
remis le soin de tout cela, une semonce un peu
verte de ma part. Cet excès de misère empoisonne beaucoup ma vie et me force à de continuelles privations ou à des mortifications d'orgueil
auxquelles je ne saurais m'habituer. Pagello est un
ange pour moi, mais il est aussi pauvre que moi
et devoir à Rebizzo ne me plait guère. Tu n'as pas
d'idée de l'économie avec laquelle je vis et de l'assi-
duité avec laquelle je travaille. Cela devient fantas-
tique, mais j'aimerais mieux une existence un peu
moins sublime. Pour ne plus revenir sur ces
bavardages, et pendant que j'y pense, ne m'envoie

pas la caisse que je t'ai demandée, elle m'arrive-
rait au moment de mon départ pour Paris.

Que Dieu te conserve, mon ami, dans la disposition où sont ton cœur et ton esprit. L'amour est
un temple que bâtit celui qui aime à un objet plus
ou moins digne de son culte ; et ce qu'il y a de plus
beau dans cela, ce n'est pas tant le Dieu que l'autel. Pourquoi craindrais-tu de te risquer? que
l'idole reste debout longtems ou qu'elle se brise
bientôt, tu n'en auras pas moins bâti un beau
temple. Ton âme l'aura habité, elle l'aura rempli
d'un encens divin, et une âme comme la tienne
doit produire de grandes œuvres. Le Dieu chan-
gera peut-être, le temple durera autant que toi. Ce
sera un lieu de refuge sublime où tu iras retrem-
per ton cœur à la flamme éternelle, et ce cœur
sera assez riche, assez puissant, pour renouveler
la divinité, si la divinité déserte son piédestal.
Crois-tu donc qu'un amour ou deux suffisent pour
épuiser et flétrir une âme forte? Je l'ai cru aussi
longtems, mais je sais à présent que c'est tout le
contraire. C'est un feu qui tend toujours à monter
et à s'épurer. Peut-être que plus on a cherché en
vain plus on devient habile à trouver, plus on a été
forcé de changer plus on devient propre à conserver. Qui sait! C'est peut-être l'œuvre terrible,

magnifique et courageuse de toute une vie. C'est
une couronne d'épines qui fleurit et se couvre de
roses quand les cheveux commencent à blanchir.
Peut-être que Dieu mesure nos douleurs et nos
travaux aux forces de notre jeunesse, et qu'il est
un tems marqué pour se reposer et pour jouir
des fatigues du passé. Quelle est la plus belle de
ces deux époques de la vie morale, les larmes de
l'espoir ou les hymnes du bonheur? Peut-être
est-ce la première. J'entre dans la seconde et il
me semble faire encore un rêve. Mais la première
est celle que Dieu chérit et protège, parce que ceux
qui la parcourent ont besoin de lui. C'est celle qu'il
féconde des plus vives émotions et de la plus
ardente poésie. N'en aie donc pas peur. C'est un
sentier dans la montagne, dangereux et pénible,
mais qui mène à des hauteurs sublimes et qui
domine toujours le monde plat et monotone où
végètent les hommes sans énergie. Tu n'es pas de
ceux qu'une fatigue vaine doit décourager ni
qu'une chûte peut briser. Tu n'es pas destiné à
ramper sur la boue de la réalité. Tu es fait pour
créer ta réalité toi-même dans un monde plus
élevé, et pour trouver tes joies dans le plus noble
exercice des facultés de ton âme. Va, espère, et
que ta vie soit un poème aussi beau que ceux qu'a

rêvés ton intelligence. Un jour tu le reliras avec
les saintes joies de l'orgueil. Tu verras peut-être
derrière toi bien des débris ; mais tu seras debout
et sans tache, au milieu des trahisons, des bas-
sesses et des turpitudes d'autrui. Celui qui s'est
toujours livré loyalement et généreusement peut
avoir à souffrir, mais à rougir, jamais ; et peut-
être que la récompense est là toute entière. Jésus
disait à Madeleine : il te sera beaucoup remis, parce
que tu as beaucoup aimé.

Vois combien tu te trompais quand tu te croyais
usé par les plaisirs et abruti par l'expérience ! Vois
que ton corps s'est renouvelé et que ton âme sort
de sa chrysalide. Si, dans son engourdissement,
elle a produit de si beaux poèmes, quels sentiments, quelles idées en sortiront maintenant
qu'elle a déployé ses ailes ? Aime et écris, c'est ta
vocation, mon ami. Monte vers Dieu sur les rayons
de ton génie et envoie ta muse sur la terre, raconter aux hommes les mystères de l'amour et de la
foi. Et n'aie pas peur. Dirige mieux ton orgueil, ne
l'étouffe pas, tu n'en as pas trop, et à voir quels
buts puérils tu lui donnais, j'ai souvent cru que
tu n'en avais pas assez. Mais il n'était qu'endormi,
ce juste orgueil qui te fait dire maintenant : Je vais
me livrer, je vais me risquer. Oui, cela est beau

et grand. Tous les sots ont l'orgueil de dire : Je ne
me risque pas, moi ! — Ils tiennent à leur repos
comme les inutiles à la vie. Un homme comme toi
n'est complet que lorsqu'il s'est livré.

T'ai-je dit que j'avais fait mes adieux à l'enthousiasme ? Si je l'ai dit, j'ai voulu parler de cet enthousiasme des premières années de la carrière, qui a
besoin d'être si ardent pour en couvrir les diffi-
cultés. Mais cette force que j'avais pour fermer les
yeux afin d'y conserver le rayon de mon soleil,
alors même qu'il s'éteignait, je n'en ai plus besoin.
Je contemple, les yeux toujours ouverts, une
lumière toujours éclatante et pure. Tu m'as fait de
grandes et belles prédictions, dans les élans de ta
plus vive amitié, alors qu'elle était déjà assez forte
pour faire taire les intérêts de l'amour. Tu m'as
dit qu'il était tems pour moi de recueillir le fruit
de toute une vie de fatigue et que le dernier amour
d'une femme était le plus beau. Tes prédictions se
réalisent, mon enfant, et j'oublie jusqu'au nom des
souffrances que je croyais autrefois inévitablement
liées à l'affection. Je souffre encore souvent et beaucoup, mais jamais par *lui*. N'ayant pas une petite
pièce de monnaie pour m'acheter un bouquet, il se
lève avant le jour et fait deux lieues à pied pour
m'en cueillir un dans les jardins des faubourgs.

Cette petite chose est le résumé de toute sa conduite. Il me sert, il me porte et il me remercie,
Oh, dis-moi que tu es heureux et je le serai.

Ce mot si beau des deux êtres qui s'aiment sur
la terre et qui font un ange dans le ciel est de
Delatouche. Tu le trouveras imprimé dans la *Reine
d'Espagne*, une comédie qui a été sifflée outrageu-
sement, quoi qu'elle méritât tout le contraire. A
cette phrase si belle et si sainte, un monsieur du
parterre a crié : *Oh! quelle cochonnerie!* et les
sifflets n'ont pas permis à l'acteur d'aller plus loin.

C'est comme cela que le public de France comprend. Ces bons Italiens sont tout le contraire. Ils
applaudissent tout, ils pleurent, ils rient, ils tré-
pignent, ils s'émeuvent, ils s'exaltent. Le bon, le
mauvais, tout leur va. Pourvu qu'on touche leur
fibre sensitive, peu importe que ce soit avec un
sceptre ou avec un balai (*).. leur plairait exces-
sivement, et pourtant ils pleurent très à propos
à un mot simple et touchant de Kotzebue. Hier je
voyais jouer une détestable traduction du.... (*mot
effacé*); au milieu des éternelles déclamations mo-
rales et philosophiques, il y eut un mot de rien
qui fut très goûté et avec raison, par le plus

_____

(*) *Deux mots effacés.*

grossier public du monde. Un vieux capitaine,
jovial, bon et beau parleur, tend la main à un
jeune aveugle en lui disant : *Et toi, mon pauvre
Cupidon?* C'est un de ces mots qui plaisent sans
qu'on puisse dire pourquoi, et que nous aimions
tant à rencontrer parce qu'ils nous frappaient tous
deux en même temps, t'en souviens-tu mon bon
petit?

A quelle époque vas-tu à Aix? Arrange-toi, je
t'en prie, de manière à ce que je sache où tu seras
afin que si je ne te trouve pas à Paris, je te rencontre, du moins, en route. Dis-moi, toi qui as fait
le voyage par Genève, combien il me faut d'argent
pour le faire seule, afin que j'ordonne mes affaires
en conséquence.

Adieu, mon bon enfant chéri, je t'ai prié d'aller
voir mon fils, cela t'a peut-être contrarié. J'étais si
inquiète que je ne savais à quel saint me vouer.
Enfin, Papet m'a donné de lui d'excellentes nouvelles. Adieu, cher ange, porte-toi toujours bien.
Pagello me dit qu'il est en train de t'écrire un
sermon sur le vin de champagne. Sois sûr que s'il
en avait sous la main, il en boirait une bouteille à
chaque point de son discours. Sois sûr aussi que
tu es bien aimé. Adieu, adieu, voilà l'heure du
courrier. Ecris-moi beaucoup. Si tu savais quels

bons jours sont ceux qui m'apportent une lettre
de toi.

_____

Lettre du docteur Pagello à Alfred de Musset (*)

CARO ALFREDO,

Venezia, 15 Ginguo 1834.

Non ci abiamo scritto ancora ne l'uno ne l'altro,
forse perchè l'uno ne l'altro volea esser primo.
Questo non tolse però quella muta corrispondanza
d'affetti che ci legherà sempre di nodi, sublimi
per noi, e incomprensibili agli altri. Godo di
sentirvi sano di corpo e forte di spirito. Io ho
sempre vaticinato bene della vostra salute, tutto-
ché voi abbiate coraggio di opporvi a quelle tenta-
zioni ai disordini che sono compagne della vostra

_____

(*)   CHER ALFRED,

Venise. 15 Juin 1834.

Nous ne nous sommes écrit encore ni l'un ni l'autre, peut-être
parce que ni l'un ni l'autre ne voulait être le premier. Ceci
pourtant n'empêche pas la muette correspondance d'affection qui
nous liera toujours de ses nœuds, sublimes pour nous, incom-
préhensibles pour les autres. Je suis heureux de vous savoir
sain de corps et fort d'esprit. Moi, j'ai toujours auguré bien de
votre santé pourvu que vous ayez le courage de vous opposer
aux tentations, aux désordres qui sont compagnons de votre
nature trop vive. Quand vous êtes entouré d'une douzaine de

natura troppo vivace — Quando siete circondato da
una dozzina di bottiglie di sciampagna, ricordatevi
quella cantina d'aqua di gomma arabica che vi ho
fatto votare all' albergo Danieli, e son certo che
avrete animo di fuggirle. Addio, mio buon Alfredo,
amatemi come io vi amo.

Vostro vero amico,

Ꝑ. P.

9me. — De Lui.

Portant le timbre de Paris du 16 juin,
celui de Venise du 24.

15 Juin.

Il a fallu que ce fut Boucoiran qui allât chez
André Cotier faire refaire un autre billet par la
raison que le premier était à son ordre. Il a dit
à Buloz qu'il t'avait envoyé le 19 un bon de onze
cents francs. Il est clair d'après tes lettres que la
sienne est perdue, à moins qu'elle ne soit restée
plusieurs jours à la poste restante, comme cela

---

bouteilles de champagne, souvenez-vous de cette cuve d'eau de
gomme arabique que je vous ai fait vider à l'hôtel Danieli et je
suis certain que vous aurez le courage de les fuir.

Adieu, mon bon Alfred, aimez-moi comme je vous aime.

Votre vrai ami,
P. P.

nous est arrivé quelquefois, du tems que j'étais
encore de ce monde. En tout cas tu vas être hors
d'affaire.

Mon amie, je t'en supplie au nom de Dieu, si tu
te retrouves jamais dans de pareilles circonstances,
et quelque sujet de chagrin qui puisse t'affliger,
fais quelque effort sur toi-même, ne t'abandonne
pas à la douleur; songe qu'il n'y a que ta vie qui me
prouve encore que je vive, et de quelque misérable
secours que je puisse être, ne crois pas ta coupe
épuisée tant qu'il se peut trouver encore une
goutte au fond de la mienne. Bois-là du moins,
cette faible goutte avant de casser ton verre. Dis-
moi de prendre ton fils ou ta fille par la main, de
faire trois cents lieues pour te les amener et de m'en
revenir. Dis-moi de contracter pour toi une dette
que je ferais de si bon cœur et que je paierais
ensuite par mon travail. Je ne suis qu'une pauvre
paille dans le fleuve terrible qui t'entraine, mais
avant de céder au torrent, accroche-toi un instant
à cette paille, ne fût-ce que pour qu'elle te suive
dans l'océan.

Buloz vient de m'apporter la lettre que tu lui as
envoyée pour la *Revue*. (*) Il me l'a lue en ânonant

(*) Seconde des *Lettres d'un voyageur*.

jusqu'à ce qu'impatienté des coups d'épingles que
sa lourde déclamation me donnait dans le cœur, je
lui aie arraché le papier des mains pour le finir à
haute voix. Maintenant le voilà parti et le cœur me
bat si fort qu'il faut que je t'écrive ce que
j'éprouve. Mon enfant, il y a dans ta lettre un mot
affreux, celui de *suicide* ; quel que soit le degré de
foi qu'on ajoute à cette pensée chez les autres, elle
ne prouve pas moins une très grande souffrance ;
j'en ai ri souvent, mais depuis ces trois mois-ci, je
ne ris plus de rien. Dis-moi, mon George, mon
frère adoré, quand tu as écrit ce mot-là, quand tu
m'as parlé dans une autre lettre de ton envie d'en
finir, était-ce seulement l'inquiétude que tu ressen-
tais pour ton fils, jointe au désappointement de ne
pas recevoir ce que tu attendais ? Ne sont-ce enfin
bien réellement que des causes matérielles et
réelles, qui t'inspiraient cette affreuse et poignante
pensée? Il m'a semblé qu'une tristesse étrangère
à tout cela dominait les autres motifs. Buloz lui-
même s'est interrompu plusieurs fois en lisant, pour
me dire : Qu'a-t-elle donc? Comme cela est triste!
— Le pauvre homme qui ne se doute de rien au
monde, ne manquait pas, il est vrai, d'ajouter :
Mais vous ne l'avez pas quittée? Vous ne l'avez pas
abandonnée? Hélas! le pauvre garçon ne se doute

pas du mal qu'il me fait avec ses balourdises. Mais
il n'en est pas moins vrai que tu souffres; je sais
bien que toute ta vie, tu as pensé à la mort, que
toute ta vie t'y a poussée, que cette idée t'est fami-
lière, presque chère, mais enfin elle ne se repré-
sente à toi avec force que lorsque tu souffres, et
je ne puis croire qu'elle naisse d'elle-même dans
une organisation aussi belle, aussi complète,
aussi harmonieuse que la tienne, comme dans celle
d'un Anglais pulmonique? Je te parle franchement,
mon enfant, mais ne suis-je pas un ami? Ne m'as-
tu pas permis de l'être? Lorsqu'en lisant cette
lettre, je voyais cette gondole chargée d'êtres aimés
et heureux s'approcher de toi en chantant, et t'inviter à y descendre, je me disais : Elle est heureuse, Dieu soit loué! Elle est entourée de braves
et honnêtes gens qui veillent sur elle. Elle se
repose, elle oublie, puis, quelques lignes plus bas,
je trouve le mot de suicide.

O mon enfant, la plus aimée, la seule aimée des
femmes, je te le jure sur mon père : si le sacrifice
de ma vie pouvait te donner une année de bonheur,
je sauterais dans un précipice avec une joie éternelle dans l'âme. Mais sais-tu ce que c'est que
d'être là, dans cette chambre, seul, sans un ami,
sans un chien, sans un sou, sans une espérance,

inondé de larmes depuis trois mois, et pour bien
des années, d'avoir tout perdu, jusqu'à mes rêves,
de me repaitre d'un ennui sans fin, d'être plus vide
que la nuit; sais-tu ce que c'est que d'avoir pour
toute consolation une seule pensée : qu'il faut que
je souffre et que je m'ensevelisse en silence, mais
que du moins tu es heureuse ! Peut-être heureuse
par mes larmes, par mon absence, par le repos que
je ne trouble plus. O mon amie, mon amie! si tu
ne l'étais pas !...

Certes l'homme que tu as choisi, ne peut avoir
changé ta vie qu'en bien. C'est une noble créature,
bonne et sincère; il t'est dévoué, j'en suis sûr, et
tu es trop noble toi-même pour ne pas lui rendre
le même dévouement. Il t'aime, et comme tu dois
être aimée. Je n'ai jamais douté de lui, et cette
confiance que rien ne détruira jamais a été ma
force pour quitter Venise, ma force pour venir ici,
pour y rester. Mais hélas! je n'en suis pas à
apprendre aujourd'hui quel hiéroglyphe terrible
c'est que ce mot si souvent répété, le bonheur ! O mon
Dieu, la création toute entière frémit de crainte et
d'espérance en l'entendant. Le bonheur! est-ce
l'absence du désir? Est-ce de sentir tous les atômes
de son être en contact avec d'autres? Est-ce dans
la pensée, dans les sens, dans le cœur que se

8

trouve le bonheur? Qui sait pourquoi il souffre?
George, je viens de retrouver dans un coin du petit
album que tu m'as donné à Venise, un mot que
j'y ai écrit pendant mon retour : « Il faudra bien
» que nous restions amis et que nous nous conso-
» lions quelquefois, car nous avons souffert
» ce que les autres ne souffrent pas. » —
Réponds-moi, je t'en conjure, réponds-moi que les
tristesses qui t'ont prise venaient de ton fils, de
ton argent, que sais-je? d'une migraine ; mais
réponds-moi que tu es heureuse, afin que je
retourne au pied de mon lit, retrouver ma douleur
courageuse et résignée, afin que l'idée de ton bonheur éveille encore un faible écho lointain dans le
vide où je suis, et quelque chose comme un petit
soupir de joie au milieu de tous ces affreux sanglots
que personne ne voit, si Dieu n'existe pas, ou ne les
entend pas. Surtout, pardonne-moi de te parler avec
cette franchise, pardonne-moi de ne pouvoir imposer silence à mon cœur. Je suis muet depuis si long
temps et pour si long temps ! parle-moi un peu de toi,
fais-moi vivre un quart d'heure, car la mort se repent
de m'avoir manqué là-bas, quand tes soins et tes
veilles l'ont écartée de moi ! Adieu, je n'en puis plus.

Tu dois avoir reçu un mot où je te dis que ton fils
se porte bien.

En tout cas, que je puisse t'être utile ou non, je
reste à Paris. Il ne sera pas dit que j'irai sottement
chercher ce qui me fuit si bien, lorsque tu peux
avoir besoin de moi, ne fût-ce que pour comman-
der chez tes marchands ce qu'il te faut là-bas.
Adieu, je t'aime et ne veux aimer que toi jusqu'à
la mort. Adieu, adieu.

9me. — Réponse d'Elle.

Timbre de Venise 26 juin, de Paris illisible.

J'ai reçu, mon enfant chéri, ton billet, il y a
quelques jours et ta lettre aujourd'hui. Je te
remercie mille fois de m'avoir donné tout de suite
des nouvelles de Maurice et de t'être occupé de ce
sot envoi d'argent qui m'est enfin arrivé, grâce à
un employé de la poste qui s'est donné la peine
d'examiner toutes les lettres des bureaux de la
poste restante et qui a trouvé celle de Boucoiran
dans la case de Londres. Le pauvre garçon que
tantôt j'accusais et que tantôt je pleurais comme
mort et enterré, avait été d'une exactitude extrême.
Enfin j'ai payé mes dettes et j'ai de quoi diner à
discrétion. Tu ne peux pas t'imaginer, mon bon
petit, par quelle série de souffrances et de déplai-
sir mon destin s'est plu à me faire passer depuis

quelque tems. Je t'en ai dit quelques-unes....
(Ici une large coupure).

Voilà ce que c'est que la misère. On a beau s'en mo-
quer, avoir un corps de cheval pour la supporter, un
courage d'esclave pour le travail, elle vous avilit,
elle donne le droit aux butors qui ont de l'argent,
de vous insulter et de vous plaindre. J'ai toujours
porté la mienne hardiment et fièrement parce que
j'ai dans le bras de quoi me passer des trésors de
M. Demidoff, mais une combinaison malheureuse,
un sot hazard, la négligence d'un employé de la
poste m'exposent à recevoir un affront, si affront il
y a pour un orgueil aussi légitime que le mien,
mais du moins une souillure, une fange dégoutante
que l'on jette devant moi pour m'empêcher de
passer. Ce sont de ces choses-là qui me donnent
le spleen et qui réveillent mon idée de suicide, la
triste compagne cramponnée après moi. Mais il ne
faut pas, mon enfant, que cela t'inquiète, il est
probable qu'elle me suivra toujours sans me faire
aucun *bobo*, car, après tout, je n'ai ici aucun chagrin de cœur, et si j'ai pu résister à ceux que j'ai
éprouvés par le passé, il est probable que les
contrariétés et les dégoûts de la vie matérielle
n'auront pas plus de pouvoir que les douleurs de
l'amour et de l'amitié. Ma dernière lettre a dû te

rassurer. Je serais un monstre si je trouvais un
sujet de plainte contre l'ami auquel tu m'as confiée.
C'est un ange de douceur, de bonté et de dévouement. J'aime la vie quand je suis dans mon bon
sens, mais tu sais qu'il y a dans les choses exté-
rieures des sujets de contrariété si poignante qu'ils
nous en font sortir. J'ai donc des mauvais jours
quand le mauvais destin me persécute, mais le
destin aussi a ses bonnes lunes, et j'espère que je
viens d'entrer dans une de celles-là. Je suis rassurée sur mon fils, j'ai de bonnes nouvelles de ma
fille, je ne dois plus un sou à Venise et le mois
prochain tout sera payé à Paris, si Buloz ne me
. . . (*coupure*) . . . j'embrasserai mes enfants
(*coupure*) . . . .
Tu as donc bien raison de te dire que mon bonheur
a pris sa source dans tes larmes, non pas dans celles
de ton désespoir et de ta souffrance, mais dans
celles de ton enthousiasme et de ton sacrifice. Tu
aimeras peut-être mieux par la suite, tu auras
peut-être un caractère plus égal et plus heureux,
mais tu ne seras jamais plus grand que tu ne l'as été
dans ces tristes jours. N'en déteste pas la mémoire
et quand l'ennui de la solitude te prend, rappelle-
toi que tu m'as laissé un souvenir plus cher et plus
précieux que tous les plaisirs de la possession.

Je ne veux pas que tu restes à Paris pour mes
affaires. Si tu as de l'argent, si tu as envie de
voyager, oh ! je t'en supplie, prends du plaisir ou
au moins de la distraction. Mes affaires vont bien,
à présent. Boucoiran n'était ni amoureux ni mort.
Il s'occupera de tout comme de coutume, seulement, je te prie d'aller voir quelquefois mon fils
pendant que tu seras à Paris, et de le faire sortir
si tu vois qu'il soit négligé par Boucoiran ; mais
à son défaut Buloz me donnera bien de ses nouvelles et ma mère n'est pas capable, je pense, de
lui laisser manquer ses sorties. Je ne veux avoir
aucune relation avec Planche. Je vois, d'après la
manière froide et réservée dont Boucoiran me parle
de lui, qu'il y a beaucoup de vrai dans les rapports
de Buloz. Buloz est fou de te reporter les mauvais
propos. Boucoiran ne me dit rien mais me fait fort
bien comprendre à quoi je dois m'en tenir. J'aurai
une petite explication avec Planche qui se passera
à huis clos, mais qui lui fermera la bouche pour
longtemps.

Quant à toi, la meilleure réponse que tu puisses
faire, c'est de hausser les épaules et de dire
comme autrefois : *tra la la.* Va donc où tu pourras
et où tu voudras aller pourvu que je te voie, peu
ou beaucoup, comme tu l'entendras. Mais au moins

que je sache si tu es rose comme autrefois et gras
comme tu t'en vantes, que je sois bien rassurée
sur ta santé et que mon cœur se dilate en t'em-
brassant comme mon Maurice et en t'entendant
me dire que tu es mon ami, mon fils bien-aimé et
que tu ne changeras jamais pour moi. Je ne sais
pas encore si Pagello pourra m'accompagner. Ce
grand voyage toute seule, et le chagrin qu'il aura
de me voir partir m'effraient un peu. D'un autre
côté, je sais qu'il n'acceptera pas de moi le plus
simple prêt, et qu'il dira bien des *confiteor* avant
de se décider à faire ailleurs une dette. Il a pourtant bien envie de ne pas me quitter.... (*petite
déchirure accidentelle*).... et il se fait une joie de
t'embrasser. J'espère que cela l'emportera sur les
embarras de sa position.

Encore un mot sur Planche; Boucoiran me mande
qu'il corrige les épreuves de tout ce que Buloz
publie de moi. C'est fort bien si ça l'amuse, et
comme je ne l'en ai pas prié, je ne l'en remercierai
pas. C'est une affaire entre Buloz et lui. Mais
Buloz ne me paraît pas fort prudent s'il lui confie
les lettres que je t'écris dans la *Revue*. Tu sais
comme ces choses se passent, comme Buloz relit
les épreuves corrigées, et tu sais aussi qu'une
syllabe changée peut altérer entièrement le sens

d'une phrase et même d'un paragraphe. Quelquefois la malice ou l'inadvertance font de singulières
bévues, témoin le *ou* et le *où* de *Figaro*.

Comment pourrais-je m'étonner ou me fâcher
de tes questions? O mon cher enfant, ne sais-je
pas que tu me dis la vérité quand tu parles de
donner ta vie pour moi? Qu'ai-je de plus précieux
au monde que cette confiance sur laquelle j'ai bâti
mon nouveau bonheur? Ton amitié n'est-elle pas
la base de tout ce qui peut m'arriver d'important
désormais? Tu m'as remise dans les mains d'un
être dont l'affection et la vertu sont immuables
comme les Alpes. Les petits maux que je puis
ressentir de la vie extérieure sont entièrement à
part de lui et de toi. Il ne faut pas y faire d'autre
attention que de dire à Maurice « écris à ta mère »,
et à Buloz « envoyez de l'argent à George ». Ce qui
pourrait me faire du mal et ce qui ne peut pas
arriver, c'est de perdre ton affection. Ce qui
me consolera de tous les maux possibles c'est
encore elle. Songe, mon enfant, que tu es dans
ma vie à côté de mes enfans, et qu'il n'y a plus
que deux ou trois grands coups qui puissent
m'abattre, leur mort ou ton indifférence. Quant à
Pierre, c'est un corps qui nous enterrera tous, un
cœur qui ne s'appartient plus et qui est à nous

comme celui que nous avons dans la poitrine.
Adieu, adieu, mon cher ange, ne sois pas triste à
cause de moi. Cherche au contraire ton espérance
et ta consolation dans le souvenir de ta vieille
mignonne qui te chérit et qui prie Dieu pour que
tu sois aimé. Fais-moi le plaisir de jeter la lettre
ci-jointe au premier bureau de poste que tu trouveras sur ton chemin.

Demain je mets à la poste la moitié du second
volume de *Jacques*. Dis et redis à Buloz que le
15 juillet il aura reçu tout le roman et qu'il faudra
qu'il m'envoie les derniers mille francs, courrier
par courrier. Je veux partir d'ici le 25. Tu me ferais
bien plaisir de lire *Jacques* et d'en retrancher les
choses les plus bêtes. J'espère que Buloz aura fait
payer Mr de La Rochefoucauld. On dit que Buloz
a acheté la *Revue de Paris* et qu'il a fait une mauvaise affaire. Est-ce vrai ?

10ᵐᵉ. — DE LUI.

Jeudi 10 juillet.

Tu me demandes, mon amie, combien il te faut
d'argent pour faire le voyage de Paris par Genève.
Il ne faut pas l'entreprendre seul à moins de six
cents francs et deux à moins de 1000. J'espère que
le bon docteur se laissera persuader et que vous

trouverez un moyen de lever les obstacles qui le
retiennent à Venise. Il est fort important.... (coupure). J'enrage de bon cœur de ne pas avoir un
sou. Que ne puis-je vous être bon à quelque
chose ! Vous les meilleurs de mes amis ! Mais j'ai
beau regarder mes quatre murs, je n'en saurais
tirer une goutte d'huile. Ainsi, je ne serai jamais
bon à rien, tant que je n'assassinerai personne.
Il s'est passé bien des choses, mon cher Georgeot,

. . . .

si nous nous voyons à Paris; car je ne sais pas
encore de quelle façon M^r le Tout-puissant en
ordonnera à cet égard. Dans tous les cas j'espère
. que nous nous donnerons une poignée de main.

Antonio est parti ces jours-ci. Je lui ai dit que
vous alliez revenir ici — « Vous devriez attendre
le docteur, lui ai-je dit, il vous ramènerait dans
votre pays dans quelque temps ».

. . . .

riait de toutes ses forces et de si bon cœur que je
me suis mis à en faire autant.

J'ai commencé le roman dont je t'ai parlé. A
propos de cela si tu as par hasard conservé les
lettres que je t'ai écrites depuis mon départ, fais-
moi le plaisir de les rapporter dans un . . . . . .

. . . .

Dites-moi, monsieur, est-ce vrai que Mme Sand soit une *femme adorable ?* Telle est l'honnête question qu'une belle bête m'adressait l'autre jour. La chère créature ne l'a pas répété moins de trois fois pour voir apparemment si je varierais mes réponses. Chante, mon brave coq, me disais-je tout bas, tu ne feras pas renier Saint-Pierre . . . (*coupure.*)

***

Paris, 11 juillet 1834.

Timbre de Venise 18 juillet.

AL MIO CARO P. PAGELLO,

Mon cher, vous êtes bien gentil de m'avoir un peu écrit : je dis un peu, car ce n'est guère. Mais si petit que soit le morceau de papier qui me parle de votre amitié, en quel moment de ma vie ne sera-t-il pas bien reçu ? Il n'en est peut-être pas de même de vos recommandations sur le vin de champagne et je n'ose avouer au grand « Salvatico Pietro » combien était fondé le juste remords qui m'a saisi à cet article de votre lettre. Mais je vous promets que jamais, jamais je ne boirai plus de

cette maudite boisson, — sans me faire les plus
grands reproches.

George me mande que vous hésitez à venir ici
avec elle ; il faut venir, mon ami, ou ne pas la
laisser partir. Trois cents lieues sont trop longues
pour une femme seule. Je sais bien qu'elle vous
dira à cela qu'elle est forte comme un Turc. Mais
je vous dirai moi, à l'oreille, et tout bas, que le
plus petit Turc est plus fort que la plus forte
femme d'Europe ; croyez-m'en, moi qui ne suis
pas Turc et venez. Je vous promets de vous montrer, si vous êtes curieux de le voir, un de vos
meilleurs amis.

Alf^d de M^t.

TROISIÈME SÉRIE

PARIS ET BADEN

1834

1re. — DE LUI.

Sans date — (c'est en août 34). —

De Paris — à Paris.

Georgette, hier, en te quittant, j'ai demandé à ma mère de quoi aller aux Pyrénées. Elle me le donne, et je pars dans quatre jours. Personne n'en saura la cause; mais je n'éprouve ni crainte ni fausse honte en te la disant. J'ai trop compté sur moi en voulant te revoir, et j'ai reçu le dernier coup.

J'ai à recommencer la triste tâche de cinq mois de lutte et de souffrance, je vais mettre une seconde fois la mer et les montagnes entre nous. Ce sera la dernière épreuve; je sais ce qu'elle me coûtera, mais mon père, de là-haut, ne m'appellera pas lâche quand je paraîtrai devant lui. J'aurai tout fait pour tenter de vivre. J'attendrai de l'argent là-bas, et si Dieu le permet, je reverrai ma mère, mais je ne reverrai jamais la France.

Je t'ai vue heureuse, je t'ai entendu dire que tu l'étais. Il m'eût été doux de rester votre ami et que la douce joie de vos âmes eût été hospitalière envers ma douleur; mais le destin ne pardonne pas.

Le monde saura mon histoire; je l'écrirai; elle ne servira peut-être à personne. Mais ceux qui suivent la même route que moi verront où elle mène; ceux qui marchent sur le bord de l'abîme pâliront peut-être en m'entendant tomber.

C'était là ma mission. Ne crains jamais que je t'accuse, toi par qui je l'ai accomplie! Tu devais être ma mort ou ma vie; ton choix est juste; c'en est fait de moi.

Le jour où j'ai quitté Venise, tu m'as donné une journée entière. Je pars aujourd'hui pour toujours, je pars seul, sans un compagnon, sans un chien. Je te demande une heure et un dernier baiser. Si tu crains un moment de tristesse, si ma demande importune Pierre, n'hésite pas à me refuser. Ce sera dur, mais je ne m'en plaindrai pas. Mais si tu as du courage, reçois-moi seule, chez toi ou

ailleurs, où tu voudras. Pourquoi craindrais-tu
d'entendre hautement la voix solennelle de la
Destinée? N'as-tu pas pleuré hier, lorsqu'elle nous
a murmuré à cette fenêtre entr'ouverte, ce triste
air de ma pauvre Walse? Ne pense pas retrouver
jamais en moi, ni orgueil offensé, ni douleur importune. Reçois-moi sur ton cœur, ne parlons ni du
passé, ni du présent, ni de l'avenir. Que ce ne soit
pas l'adieu de M𝗋 un tel et de M𝗆𝖾 une telle. Que
ce soient deux âmes qui ont souffert, deux intelligences souffrantes, deux aigles blessés qui se
rencontrent dans le ciel et qui échangent un cri
de douleur avant de se séparer pour l'éternité. Que
ce soit un embrassement chaste comme l'amour
céleste, profond comme la douleur humaine. O ma
fiancée! Pose-moi doucement la couronne d'épines,
et adieu! Ce sera le dernier souvenir que conser-
vera ta vieillesse, d'un enfant qui n'y sera plus.

ALFRED.

2me. — DE LUI.

Madame Sand,
n° 19, quai Malaquais.

Je te remercie de m'accorder ma demande.
Quant à ma résolution de partir, n'en parlons pas,

elle est irrévocable. Je l'ai prise hier soir en me
couchant ; ce matin j'ai ouvert ma fenêtre, et j'ai
regardé le soleil. Lui-même, du haut des sphères
célestes, il n'avait rien vu qui pût la changer.
Quoique tu m'aies connu enfant, crois aujourd'hui
que je suis homme. Je ne m'abuse sur rien ; je ne
crains ni n'espère rien. Que je sois au désespoir,
cela est possible ; mais ce n'est pas le désespoir
qui agit en moi, c'est moi qui le sens, qui le calcule
et qui agit sur lui. Je t'en prie, pas un mot là-dessus, et ne crains pas qu'il m'échappe rien. Tu me
dis que je me trompe sur ce que j'éprouve. Non,
je ne me trompe pas. J'éprouve le seul amour que
j'aurai de ma vie. Je te le dis franchement et hautement, parceque j'ai raisonné avec cet amour-là,
jour par jour, minute par minute, dans la solitude
et dans la foule, depuis cinq mois ; que je sais qu'il
est invincible, mais que tout invincible qu'il est,
ma volonté le sera aussi. Ils ne peuvent se détruire
l'un l'autre ; mais il dépend de moi de faire agir
l'un plutôt que l'autre. Ne te donne pas la peine
de penser à tout cela ; il y a longtemps que j'y
pense. Lorsque j'ai risqué de te voir, j'avais calculé
toutes les chances ; celle-là est sortie. Ne t'en
afflige pas surtout, et sois sûre qu'il n'y a pas dans
mon cœur une goutte d'amertume. J'ai écrit à

Buloz et je dîne avec lui aujourd'hui pour causer d'affaires, afin d'avoir de l'argent là-bas. Il est probable que j'irai d'abord à Toulouse, chez mon oncle (dont je t'ai souvent parlé), de là aux Pyrénées; et, de là, dans un mois ou deux, à Cadix par eau.

Ecris-moi quand tu veux que je te voie. Je pars mercredi, ou jeudi au plus tard. Adieu, ma bien aimée Georgette.

Ton enfant,

ALF^d.

3me. — DE LUI.

C'est trop ou trop peu. Manques-tu de courage? Revoyons-nous, je t'en donnerai. Parle ou ne parle pas; les lèvres des hommes n'ont pas de paroles que je ne puisse entendre sans crainte. Tu me dis que tu ne crains pas de blesser Pierre en me voyant. Quoi donc alors? Ta position n'est pas changée? Mon amour-propre, dis-tu? Ecoute, écoute, George, si tu as du cœur, rencontrons-nous quelque part, chez moi, chez toi, au jardin des plantes, au cimetière, au tombeau de mon père (c'est là que je voulais te dire adieu.) Ouvre ton cœur sans arrière pensée. Ecoute-moi te jurer de mourir avec ton amour dans le cœur, un dernier baiser et adieu! Que crains-tu? O mon enfant, souviens-toi de ce triste soir à Venise, où tu m'as dit que tu avais un secret. C'était à un jaloux stupide que tu croyais parler. Non, mon George, c'est à un ami; c'est la Providence qui changea tout à coup l'homme à qui tu parlais. Rappelle-toi cela. Au milieu de cette vie de misères et de souffrances, Dieu m'accorde peut-être la consolation de t'être bon à quelque chose. Sois-en sûre, oui, je le sens là, je ne suis pas ton mauvais génie. Qui sait ce que le ciel veut de nous? Peut-être suis-je encore destiné à te rendre encore une fois le repos. Songe que je pars, mon enfant. Ne fermons pas légèrement des portes éternelles.

Et puis! Avoir tant souffert, pendant ces cinq mois, partir pour souffrir plus encore, partir pour toujours, te savoir malheureuse quand j'ai tout perdu pour te voir tranquille, et pas un adieu! Ah! c'est trop, c'est trop. Je suis bien jeune, mon Dieu. Qu'ai-je donc fait?

1re. — Réponse d'Elle.

(Billet au crayon.)

Oui, il faut nous quitter pour toujours. Il est inquiet, et il n'a pas tort, puisque tu es si troublé,

et il voit bien que cela me fait du mal. Est-il
possible, mon Dieu, que cela ne m'en fasse pas?
Mais je pars pour Nohant, moi. Je vais passer là
les vacances avec mes enfans. Je ne veux pas que
tu t'exiles à cause de moi. Je *lui* ai tout dit. Il
comprend tout, il est bon. Il veut que je te voie
sans lui une dernière fois, et que je te décide à
rester, au moins jusqu'à mon retour de Nohant.
Viens donc chez moi. Je suis trop malade pour
sortir et il fait un temps affreux. Ah! ton amitié,
ta chère amitié! Je l'ai donc perdue puisque tu
souffres auprès de moi!

4ᵐᵉ. — DE LUI.

Je t'envoie un dernier adieu, ma bien-aimée, et
je te l'envoie avec confiance, non sans douleur,
mais sans désespoir. Les angoisses cruelles, les
luttes poignantes, les larmes amères ont fait place
en moi à une compagne bien chère, la pâle et
douce mélancolie. Ce matin, après une nuit tranquille, je l'ai trouvée au chevet de mon lit, avec
un doux sourire sur les lèvres. C'est l'amie qui
part avec moi. Elle porte au front ton dernier
baiser. Pourquoi craindrais-je de te le dire? N'a-t-il

pas été aussi chaste, aussi pur que ta belle âme,
ô ma bien-aimée? Tu ne te reprocheras jamais ces
deux heures si tristes que nous avons passées. Tu
en garderas la mémoire. Elles ont versé sur ma
plaie un baume salutaire. Tu ne te repentiras pas
d'avoir laissé à ton pauvre ami un souvenir qu'il
emportera et que toutes les peines et toutes les
joies futures trouveront comme un talisman sur
son cœur entre le monde et lui. Notre amitié est
consacrée, mon enfant, elle a reçu hier, devant
Dieu, le saint baptême de nos larmes. Elle est
immortelle comme lui. Je ne crains plus rien, ni
n'espère plus rien. J'ai fini sur la terre. Il
ne m'était pas réservé d'avoir un plus grand
bonheur. Eh bien, ma sœur chérie, je vais quitter
ma patrie, ma mère, mes amis, le monde de ma
jeunesse; je vais partir seul, pour toujours, et je
remercie Dieu. Celui qui est aimé de toi ne peut
plus maudire. George, je puis souffrir encore
maintenant; mais je ne peux plus maudire.

Quant à nos rapports à venir, tu décideras seule,
sur quoi que ce soit qui regarde ma vie; parle, dis
un mot, mon enfant, ma vie est à toi. Écris-moi
d'aller mourir en silence dans un coin de la terre,
à trois cents lieues de toi, j'irai. Consulte ton
cœur, si tu crois que Dieu te le dit, tâche de

défendre notre pauvre amitié, réserve-toi de pouvoir encore m'envoyer de temps en temps une poignée de main, un mot, une larme, hélas! ce sont là tous mes biens. Mais si tu crois devoir sacrifier notre amitié, si mes lettres, même hors de France, troublent ton bonheur, mon enfant, ou seulement ton repos, n'hésite pas, oublie-moi. Je te le dis, je puis souffrir beaucoup, sans me plaindre, à présent.

Sois heureuse à tout prix. Oh! sois heureuse, bien-aimée de mon âme! Le temps est inexorable, la mort avare, les dernières années de la jeunesse s'envolent plus rapidement que les premières. Sois heureuse, ou si tu ne l'es pas, tâche d'oublier qu'on peut l'être. Hier, tu me disais qu'on ne l'était jamais. Que t'ai-je répondu? Je n'en sais rien, hélas! Ce n'est pas à moi d'en parler. Les condamnés à mort ne renient pas leur Dieu.

Sois heureuse, aie du courage, de la patience, de la pitié. Tâche de vaincre un juste orgueil. Rétrécis ton cœur, mon grand George; tu en as trop pour une poitrine humaine. Mais si tu renonces à la vie, si tu te retrouves jamais seule en face du malheur, rappelle-toi le serment que tu m'as fait, « ne meurs pas sans moi ». Souviens t'en, souviens t'en, tu me l'as promis devant Dieu.

Mais je ne mourrai pas, moi, sans avoir fait mon livre, sur moi et sur toi, (sur toi surtout ;) non, ma belle, ma sainte fiancée, tu ne te coucheras pas dans cette froide terre sans qu'elle sache qui elle a portée. Non, non, j'en jure par ma jeunesse et par mon génie, il ne poussera sur ta tombe que des lis sans tache. J'y poserai de ces mains que voilà, ton épitaphe en marbre plus pur que les statues de nos gloires d'un jour. La postérité répètera nos noms comme ceux de ces amants immortels qui n'en ont plus qu'un à eux deux, comme Roméo et Juliette, comme Héloïse et Abélard. On ne parlera jamais de l'un sans parler de l'autre. Ce sera là un mariage plus sacré que ceux que font les prêtres, le mariage impérissable et chaste de l'intelligence. Les peuples futurs y reconnaîtront le symbole du seul Dieu qu'ils adoreront. Quelqu'un n'a-t-il pas dit que les révolutions de l'esprit humain avaient toujours des avant-coureurs qui les annonçaient à leur siècle ? Eh bien, le siècle de l'intelligence est venu. Elle sort des ruines du monde, cette souveraine de l'avenir ; elle gravera ton portrait et le mien sur une des pierres de son collier. Elle sera le prêtre qui nous bénira, qui nous couchera dans la tombe comme une mère y couche sa fille le soir de ses noces. Elle écrira nos deux chiffres sur la nouvelle écorce de l'arbre de la vie. Je terminerai ton histoire par mon hymne d'amour. Je ferai un appel, du fond d'un cœur de vingt ans, à tous les enfans de la terre ; je sonnerai aux oreilles de ce siècle blazé (*sic*) et corrompu, athée et crapuleux, la trompette des résurrections humaines, que le Christ a laissée aux pieds de sa croix. Jésus ! Jésus ! et moi aussi, je suis fils de ton père ! Je te rendrai les baisers de ma fiancée. C'est toi qui me l'as envoyée, à travers tant de dangers, tant de courses lointaines, qu'elle a courus pour venir à moi. Je nous ferai à elle et à moi, une tombe qui sera toujours verte, et peut-être les générations futures répèteront-elles quelques-unes de mes paroles, peut-être béniront-elles un jour ceux qui auront frappé avec le myrthe de l'amour aux portes de la liberté !

5me. — DE LUI.

Baden, 1er septembre.

Voilà huit jours que je suis parti, et je ne t'ai pas encore écrit. J'attendais un moment de calme, il n'y en a plus. Je voulais t'écrire doucement, tranquillement, par une belle matinée, te remercier de l'adieu que tu m'as envoyé, il est si bon, si triste, si doux; ma chère âme, tu as un cœur d'ange. Je voulais te parler seulement de mon amour, ah! George, quel amour! Jamais homme n'a aimé comme je t'aime. Je suis perdu, vois-tu, je suis noyé, inondé d'amour; je ne sais plus si je vis, si je mange, si je marche, si je respire, si je parle; je sais que j'aime. Ah! si tu as eu toute ta vie une soif de bonheur inextinguible, si c'est un bonheur d'être aimée, si tu l'as jamais demandé au ciel, oh! toi, ma vie, mon bien, ma bien-aimée, regarde le soleil, les fleurs, la verdure, le monde! Tu es aimée, dis-toi cela, autant que Dieu peut être aimé par ses lévites, par ses amans, par ses martyrs! Je t'aime, ô ma chair et mon sang! Je meurs d'amour, d'un amour sans fin, sans nom, insensé, désespéré, perdu! Tu es aimée, adorée, idolatrée jusqu'à mourir! Et non! je ne guérirai pas. Et non, je n'essayerai pas de vivre; et j'aime mieux cela, et mourir en t'aimant vaut mieux que de vivre. Je me soucie bien de ce qu'ils en diront. Ils disent que tu as un autre amant. Je le sais bien, j'en meurs, mais j'aime, j'aime, j'aime. Qu'ils m'empêchent d'aimer!

Vois-tu, lorsque je suis parti, je n'ai pas pu souffrir; il n'y avait pas de place dans mon cœur.

Je t'avais tenue dans mes bras, ô mon corps adoré !
je t'avais pressée sur cette blessure chérie ! je suis
parti sans savoir ce que je faisais ; je ne sais si ma
mère était triste, je crois que non, je l'ai embrassée, je suis parti ; je n'ai rien dit, j'avais le souffle
de tes lèvres sur les miennes, je te respirais encore.
Ah ! George, tu as été tranquille et heureuse là-
bas. Tu n'avais rien perdu. Mais sais-tu ce que c'est
que d'attendre un baiser cinq mois ! Sais-tu ce que
c'est pour un pauvre cœur qui a senti pendant
cinq mois, jour par jour, heure par heure, la vie
l'abandonner, le froid de la tombe descendre lentement dans la solitude, la mort et l'oubli tomber
goutte à goutte comme la neige, sais-tu ce que
c'est pour un cœur serré jusqu'à cesser de battre,
de se dilater un moment, de se rouvrir comme une
pauvre fleur mourante, et de boire encore une
goutte de rosée vivifiante ? Oh mon Dieu, je le
sentais bien, je le savais, il ne fallait pas nous
revoir. Maintenant c'est fini ; je m'étais dit qu'il
fallait revivre, qu'il fallait prendre un autre amour,
oublier le tien, avoir du courage. J'essayais, je
tentais du moins. Mais maintenant, écoute, j'aime
mieux ma souffrance que la vie ; tu m'as permis de
t'aimer, vois-tu, tu te rétracterais que cela ne ser-
virait à rien ; tu veux bien que je t'aime ; ton cœur

le veut, tu ne diras pas le contraire. et moi, je suis
perdu. Vois-tu, je ne réponds plus de rien.

Qu'est-ce que je viens faire, dis-moi, là ou là?
Qu'est-ce que cela me fait tous ces arbres, toutes
ces montagnes, tous ces allemands qui passent
sans me comprendre, avec leur galimathias (sic)?
Qu'est-ce que c'est que cette chambre d'auberge?
Ils disent que cela est beau, que la vue est char-
mante, la promenade agréable, que les femmes
dansent, que les hommes fument, boivent, chan-
tent, et les chevaux s'en vont en galopant. Ce
n'est pas la vie, tout cela, c'est le bruit de la vie.
Ecoute, George, plus rien, je t'en prie, pas un mot
pour me dissuader, pas de consolation, pas de
jeunesse, de gloire, d'avenir, d'espérance, pas de
conseils, pas de reproches. Tout cela me fait penser que je suis jeune, que j'ai cru au bonheur, que
j'ai une mère; tout cela me donne envie de pleurer,
et je n'ai plus de larmes. Je ne suis pas un fou,
tu le sais, je lutterai tant que je pourrai. J'ai de la
force encore: mais de la force, mon Dieu! A quoi
sert d'en avoir, quand elle se tourne elle-même
contre l'homme? Rien, rien, je t'en supplie, ne
me fais pas souffrir, ne me rappelle pas à la vie.
Je te promets, je te jure de lutter, si je puis. Ne
me dis pas que je t'écris dans un moment de fièvre

ou de délire, que je me calmerai : voilà huit jours
que j'attends un quart d'heure de calme, un seul
moment pour t'écrire. Je le sais bien que je suis
jeune, que j'ai fait naitre des espérances dans
quelques cœurs aimans, je sais bien qu'ils ont tous
raison : n'ai-je pas fait ce que je devais ? Je suis
parti, j'ai tout quitté. Qu'ont-ils à dire ? Le reste
me regarde. Il serait trop cruel de venir dire à un
malheureux qui meurt d'amour, qu'il a tort de
mourir. Les taureaux blessés dans le cirque ont la
permission d'aller se coucher dans un coin avec
l'épée du matador dans l'épaule, et de finir en
paix. Ainsi, je t'en supplie, pas un mot, écoute :
tout cela ne fera pas que tu prennes ta robe de
voyage, un cheval ou une petite voiture, et que
tu viennes. J'aurai beau regarder, me voilà assis
devant cette petite table au milieu de tes lettres,
avec ton portrait que j'ai emporté ! Tu me dis que
nous nous reverrons ; que tu ne mourras pas sans
m'embrasser. Tu vois que je souffre, tu pleures
avec moi, tu me laisses emporter de douces illu-
sions ; tu me parles de nous retrouver ; tout cela
est bon, mon ange, tout cela est doux, Dieu te le
rendra. Mais j'aurai beau regarder ma porte, tu ne
viendras pas y frapper, n'est-ce pas ? Tu ne prendras pas un morceau de papier grand comme la

main, et tu n'écriras pas dessus : Viens ! — il y a
entre nous je ne sais quelles phrases, je ne sais
quels devoirs, je ne sais quels événements, il y a
entre nous cent-cinquante lieues. Eh bien, tout
cela est parfait, il n'y en a pas si long à dire. Je
ne peux pas vivre sans toi, voilà tout.

Combien tout cela durera encore, je n'en sais
rien. J'aurais voulu faire ce livre, mais il aurait
fallu que je connusse en détail, et par époque,
l'histoire de ta vie ; je connais ton caractère, mais
je ne connais ta vie que confusément ; je ne sais
pas tout, et ce que je sais, je le sais mal. Il aurait
fallu que je te visse, que tu me racontasses tout
cela. Si tu avais voulu, j'aurais loué aux environs
de Moulins ou de Châteauroux, un grenier, une
table et un lit, je m'y serais enfermé ; tu serais
venue m'y voir une ou deux fois, seule, à cheval ;
moi, je n'aurais vu âme qui vive, j'aurais écrit,
pleuré, on m'aurait cru en Allemagne. Il y aurait
eu là quelques beaux moments. Tu n'aurais cru
trahir personne, j'espère ; tu m'as vu mourant
d'amour dans tes bras la dernière fois ; as-tu rien
eu à te reprocher ? Mais tous les rêves que je peux
faire, sont des chimères ; il n'y a de vrai que les
phrases, les devoirs, et les choses ; tout est bien,
tout est mieux ainsi.

O ma fiancée, je te demande encore pourtant quelque chose. Sors un beau soir, au soleil couchant, seule, va dans la campagne, assieds-toi sur l'herbe, sous quelque saule vert; regarde l'occident, et pense à ton enfant qui va mourir. Tâche d'oublier le reste, relis mes lettres, si tu les as, ou mon petit livre; pense, laisse aller ton bon cœur, donne-moi une larme; et puis rentre chez toi, doucement, allume ta lampe, prends ta plume, donne une heure à ton pauvre ami. Donne-moi tout ce qu'il y a pour moi dans ton cœur. Efforce-toi plutôt un peu; ce n'est pas un crime, mon enfant. Tu peux m'en dire même plus que tu n'en sentiras, je n'en saurai rien, ce ne peut pas être un crime; je suis perdu. Mais qu'il n'y ait rien autre dans ta lettre que ton amitié pour moi, que ton amour, George, ne l'appelles-tu pas de l'amour? Ecris à *Baden (Grand Duché), poste restante*. Affranchis jusqu'à la frontière et mets : *près Strasbourg*. C'est à 12 lieues de Strasbourg; je n'irai ni plus près ni plus loin. Mais que j'aie une lettre, où il n'y ait rien que ton amour; et dis-moi que tu me donnes les lèvres, tes dents, tes cheveux, tout cela, cette tête que j'ai eue, et que tu m'embrasses, toi, moi! ô Dieu, ô Dieu, quand j'y pense, ma gorge se serre, mes yeux se troublent, mes genoux

chancellent ; ah! il est horrible de mourir, il est
horrible d'aimer ainsi. Quelle soif, mon George,
ô quelle soif j'ai de toi! je t'en prie, que j'aie cette
lettre. Je me meurs, adieu!

A Baden (Grand Duché), près Strasbourg.
poste restante.

O ma vie, ma vie, je te serre sur mon cœur,
ô mon George, ma belle maîtresse! mon premier,
mon dernier amour!

2me. — Réponse d'Elle.

Sans date. (Lettre écrite au crayon.)

Je t'écris sur un album, d'un petit bois où je
suis venue me promener seule, triste, brisée, et
où je lis ta lettre de Baden. Hélas! hélas! qu'est-ce
que tout cela? Pourquoi oublies-tu donc à chaque
instant, et cette fois plus que jamais, que ce sentiment devait se transformer et ne plus pouvoir, par
sa nature, faire ombrage à personne? Ah! tu
m'aimes encore trop, il ne faut plus nous voir.
C'est de la passion que tu m'exprimes, mais ce
n'est plus le saint enthousiasme de tes bons
moments. Ce n'est plus cette amitié pure dont
j'espérais voir s'en aller, peu à peu, les expressions

trop vives. Et pourtant, je ne m'en inquiétais pas
de ces expressions, elles étaient la poétique habitude de ton langage de poète. Et moi-même,
est-ce qu'avec toi je pesais et mesurais les mots?
Pour d'autres que pour nous, ils eussent peut-être
signifié autre chose, je n'en sais rien, je sais, je
croyais savoir, du moins, que pour *nous trois,* ils
manifestaient un amour de l'âme où les sens
n'étaient pour rien. Eh bien voilà que tu t'égares
et *lui aussi!* Oui, lui-même qui dans son parler
italien est plein d'images et de protestations qui
paraîtraient exagérées si on les traduisait mot à
mot, lui qui, selon l'usage de là-bas, embrasse ses
amis presque sur la bouche, et cela sans y entendre
malice, le brave et pur garçon qu'il est, lui qui
tutoie la belle Crescini sans avoir jamais songé à
être son amant, enfin lui qui faisait à Guilia P. (je
t'ai dit qu'elle était sa sœur de la main gauche) des
vers et des romances tout remplis d'*amore* et de
felicità, le voilà, ce pauvre Pierre, qui après m'avoir
dit tant de fois : *il nostro amore per Alf.,* lit je ne
sais quel mot, quelle ligne de ma réponse à toi le
jour du départ et s'imagine je ne sais quoi. Il croit
que je me plaignais de lui à toi, quand c'est lui
qui s'est plaint à toi de ma tristesse et de mon
dépérissement de santé! N'ai-je pas, en dehors de

10

lui et de toi, des sujets de chagrin qu'il devrait
apprécier? Tu m'as dit en partant : Tu es donc
malheureuse? et je te disais *oui du côté de mes
enfans que je ne veux pas perdre, dussé-je tout
briser dans ma vie.* Mais lui, qui comprenait tout
à Venise, du moment qu'il a mis le pied en France,
il n'a plus rien compris, et le voilà désespéré. Tout
de moi le blesse et l'irrite, et faut-il le dire? il
part, il est peut-être parti à l'heure qu'il est, et
moi je ne le retiendrai pas, parce que je suis
offensée jusqu'au fond de l'âme de ce qu'il m'écrit
et que je le sens bien, il n'a plus la foi, par conséquent il n'a plus l'amour. Je le verrai s'il est
encore à Paris, je vais y retourner dans l'intention
de le consoler. Me justifier non, le retenir non.
Est-ce que l'amour élevé et croyant est possible?
Est-ce qu'il ne faut pas que je meure sans l'avoir
rencontré? Toujours saisir des fantômes et pour-
suivre des ombres! je m'en lasse. Et pourtant je
l'aimais sincèrement et sérieusement cet homme
généreux, aussi romanesque que moi, et que je
croyais plus fort que moi. Je l'aimais comme un
père, et tu étais notre enfant à tous deux. Le voilà
qui redevient un être faible, soupçonneux, injuste,
faisant des querelles d'allemand et vous laissant
tomber sur la tête ces pierres qui brisent tout!

Et moi, il ne me faut plus songer à vivre. Oh! que
je suis malheureuse, je ne suis point aimée, je
n'aime pas! Me voilà insensible, un être stérile et
maudit! — Et toi, tu viens me parler de transports d'ivresse, de désirs. Que t'ai-je fait, insensé,
pour que tu brises tout dans mon âme, la confiance en toi et en moi-même? — J'ai consommé
mon suicide le jour où j'ai cru te sauver par
l'amitié. Mais non, je suis injuste, je suis malade,
j'ai tort. Tu étais sincère quand nous nous sommes
revus, tu étais bon et vrai. Tu voulais mon repos,
ma dignité, mon bonheur avec lui. J'ai consenti à
te voir seul, de l'avis et de l'aveu de Pierre. Les
trois baisers que je t'ai donnés, un sur le front et
un sur chaque joue en te quittant, il les a vus, et
il n'en a pas été troublé, et moi, je lui savais tant
de gré de me comprendre! — Mais cette lettre
d'aujourd'hui, pourquoi me l'as-tu écrite? S'il la
voyait, lui, il croirait que je l'ai provoquée. Mais
moi, qui vois bien que tu t'égares, je ne m'égarais
pas, le ciel m'en est témoin, et tu le sais bien, toi!
Je n'avais rien, rien à me reprocher! Il y a une
fatalité, car c'est toi-même qui as éveillé ses soupçons sur moi. Telle n'était pas ton intention
n'est-ce pas? Oh non, mon enfant, c'est impossible!
Enfin, il prétend que pendant que tu lisais ma

lettre, il est entré chez toi et que ses yeux sont
tombés sur ces mots, *il faut que je sois à toi —
c'est ma destinée,*et il ajoute : *Non volli legger (sic)
di piu e lo poteva* (*). Je ne puis rien expliquer, il
n'y a rien de cela dans ma lettre dont je ne me
rappelle pourtant pas un mot, mais que je n'ai
pas écrite sous l'impression d'un accès de délire,
j'imagine ! Non, je ne veux pas me justifier,
car je suis outrée. Qu'il parte, je te redeman-
derai alors ma lettre et je la lui enverrai pour le
punir... Mais non, pauvre Pierre, il souffre et
je tâcherai de le consoler, et tu m'y aideras,
car je sens que je meurs de tous ces orages, je
suis tous les jours plus malade, plus dégoûtée de
la vie, et il faut que nous nous séparions tous trois,
sans fiel et sans outrage. Je veux te revoir encore
une fois et lui aussi. Je te l'ai promis d'ailleurs et
je te renouvelle ma promesse ; mais ne m'aime
plus, entends-tu bien ? Je ne vaux plus rien. Le
doute de tout m'envahit tout à fait. Aime-moi si tu
veux dans le passé et non telle que je suis à présent. Mon cœur se glace et tout ce que je te dis là,
tout ce déchirement que je te révèle, c'est pour
que, si nous nous revoyons à Paris, tu ne prennes

_____

(*) Je n'ai pas voulu en lire davantage et je le pouvais.

aucune idée de rapprochement avec moi. Il faut
nous quitter, vois-tu, il le faut puisque tu arrives à
te persuader que tu ne peux guérir de cet
amour pour moi qui te fait tant de mal et que tu
as pourtant si solennellement abjuré à Venise
avant et même encore après ta maladie. Adieu
donc le beau poème de notre amitié sainte
et de ce lien idéal qui s'était formé entre nous
trois, lorsque tu lui arrachas à Venise l'aveu de son
amour pour moi et qu'il te jura de me rendre heureuse. Ah! cette nuit d'enthousiasme où, malgré
nous, tu joignis nos mains en nous disant : Vous
vous aimez et vous m'aimez pourtant, vous m'avez
sauvé âme et corps! — Tout cela était donc un
roman? Oui, rien qu'un rêve, et moi seule, imbécile enfant que je suis, j'y marchais de confiance
et de bonne foi! et tu veux qu'après le réveil,
quand je vois que l'un me *désire* et que l'autre
m'abandonne en m'outrageant, je croie encore à
l'amour sublime! Non hélas! il n'y a rien de tel
en ce monde, et ceux qui se moquent de tout
ont raison. Adieu mon pauvre enfant. Ah! sans
mes enfans à moi, comme je me jetterais dans la
rivière avec plaisir!

6me. — DE LUI.

Baden, 15 septembre.

Je te renvoie ta lettre comme tu le veux. Jamais
je n'ai vu si clairement combien j'étais peu de
chose dans ta vie. Non pas parce que tu me refuses
le peu de mots d'amitié que je t'avais demandés à
genoux : je conçois à merveille que dans ce moment-
ci ils te coûteraient beaucoup trop, et, loin de t'en
vouloir de ce que tu me dis que tu n'as pas la force
de me les envoyer, je ne vois (*) . . . . la
franchise, et je t'en sais bon gré. Mais ta lettre
a . . . . , j'y trouve à la dernière ces
propres mots : « *Je te renouvelle ma promesse.* »
et de l'autre côté tu me dis *que je t'aime encore
trop*, et *que tu n'auras pas la force de me revoir.*
— Il faut, ma pauvre amie, que ton cœur soit bien
malade, et ne crois pas que je sois moi-même de
force à t'adresser un reproche. Il faut que tu
souffres beaucoup, pour que tu n'aies même plus
une larme pour moi, et pour qu'en face de Dieu tu
manques à ta parole, qui *depuis trente ans,*

(*) La lettre est trouée par une brûlure aux endroits mar-
qués ici par des points.

disais-tu, *n'a pas encore été faussée.* Elle le sera
donc une fois, et j'aurai perdu le seul jour de bonheur qui me restait encore. Qu'il en soit ce qui
plaît à Dieu, ou à l'esprit de mort. Car, à vingt-
deux ans, sans avoir jamais fait de mal à personne,
en être où je suis, et recevoir ainsi constamment
jour par jour, un nouveau coup de pierre sur la
tête, c'est trop. Qu'il y ait une Providence ou non,
je n'en veux rien savoir. S'il y en a une, je le lui
dis en face : elle est injuste et cruelle. Elle est la
plus forte, je le sais ; qu'elle me tue. Je ferai mieux
que de la maudire, je la renie. Ne vas pas croire
surtout que je te fasse un reproche, ô mon brave
Georgeot, mon grand cœur, je ne t'en veux pas de
manquer à la parole que tu m'avais donnée de ne
pas mourir sans étendre la main, et sans te souvenir de moi quand tu serais seule en face de la
douleur. Non, je ne t'en veux pas, car tu souffres.
Je n'en veux qu'à cette destinée de mort qui sait le
secret de trouver toujours un endroit à frapper
dans un cœur plein de ses coups.. Ce n'est pas ta
faute si je ne suis plus rien pour toi.

Tu me dis de lire . . . .
(*endroit brûlé*). . . . . de frémir. Que crois-tu donc
m'apprendre, mon enfant, en me disant qu'un soupçon jaloux tue l'amour dans ton cœur ? Qui crois-tu

donc que j'aime. Toi ou une autre. Tu t'appelles *insensible, un être stérile et maudit.* Tu te demandes si tu n'es pas un monstre d'avoir le cœur fait comme tu l'as, et tu me dis de frémir en songeant de quels abîmes je suis sorti. Et, mon amie, me voilà ici à Baden, à deux pas de la maison de conversation ; je n'ai qu'à mettre mes souliers et mon habit, pour aller faire autant de déclarations d'amour que j'en voudrai à autant de jolies petites poupées qui ne me recevront peut-être pas toutes mal, qui, à coup sûr, sont fort jolies, et qui, plus certainement encore, ne quittent pas leur amant parce qu'elles ne veulent pas se faire méconnaître. Quoique tu fasses ou que tu dises, morte ou vive, sache que je t'aime, entends-tu, toi et non une autre. « Aime-moi dans le passé, me » dis-tu, mais non telle que je suis dans le présent ». George, George, tu sauras que la femme que j'aime est celle des roches de Franchart, mais que c'est aussi celle de Venise, et celle-là, certes, ne m'apprend rien quand elle me dit qu'on ne l'offense pas impunément.

Je t'avoue qu'il y a un mot qui m'a choqué dans le peu de lignes que tu me transcris de la lettre de Pierre : *non volli leger (sic) di piu e lo poteva.* — Si tu n'avais pas rompu avec lui, je ne t'aurais jamais

parlé de cela. Mais *c'est faux*. Madame la Couture
était venue deux fois dans la journée, très inquiète
et toute essoufflée, me dire qu'elle avait mis le soir
en se couchant ta lettre pour moi avec ma canne
sur le canapé, qu'en se réveillant la lettre avait
disparu, et qu'elle n'avait trouvé que la canne.
Cela m'a semblé étrange, et la vérité est que lorsque j'ai ouvert ta lettre, Pagello n'en pouvait rien
voir. Le cachet était défait, et refermé avec le
pouce.

Je ne sais pourquoi je te dis cela, ni pourquoi je
te dis quelque chose. Je n'ai plus rien dans le cœur
ni dans la tête. Je crois que je vais revenir à Paris
pour peu de temps. Écris-y, si tu m'écris. Mais
pourquoi? A quoi bon, dis-moi, tout cela? Je
souffre, et à quoi bon? Ta lettre m'a fait un mal
cruel, George; ah mon enfant, pourquoi? Mais
que sert de gémir? Tu me dis que tu m'écris, afin
que je ne prenne aucune idée de rapprochement
entre nous. Eh bien, écoute, adieu n'écrivons
plus... Tout cela, vois-tu, est horrible au bout du
compte. Tu souffres, toi aussi, je te plains, mon
enfant. Mais puisqu'il est vrai que je ne peux rien
pour toi, eh bien alors, si notre amitié s'envole au
moment où tu souffres et où tu es seule, qu'est-ce
tout cela? Je ne t'en veux pas, je te le répète.

Adieu, je ne sais où je serai, n'écris pas, je ne puis savoir.

Je relis cette lettre, et je vois que c'est un adieu. O mon Dieu, toujours des adieux! Quelle vie est-ce donc? Mourir sans cesse? Ah mon cœur, mon amour, je ne t'en veux pas de cette lettre-ci; mais pourquoi m'as-tu écrit l'autre? Cette fatale promesse, maudit soit Dieu! J'espérais encore. Ah malheur et malheur, c'est trop. J'avais encore un jour dans ma vie, un, un, sur tant d'années, à vingt ans, un jour, un seul jusqu'à la mort. Qu'ai-je donc fait, sacredieu! Mais à quoi bon tout cela. Il n'y a plus rien, n'est-ce pas, rien dans ton cœur? *tu n'es point aimée, tu n'aimes pas,* hideuse parole; puissé-je ne l'écrire jamais!

Que je revienne à Paris, cela te choquera peut-être, et *lui* aussi. J'avoue que je n'en suis plus à ménager personne. S'il souffre, lui, eh bien qu'il souffre, ce Vénitien qui m'a appris à souffrir! Je lui rends sa leçon, il me l'avait donnée en maître. Quant à toi, te voilà prévenue, et je te rends tes propres paroles : *Je t'écris cela, afin que si tu vinsses à apprendre mon retour, tu n'en prisses aucune idée de rapprochement avec moi.* Cela est-il dur? Peut-être. Il y a une région dans l'âme, vois-tu, lorsque la douleur y entre,

la pitié en sort. Qu'il souffre ! il te possède. Puisque ta parole m'est retirée, puisqu'il est bien
clair que toute cette amitié, toutes ces promesses,
au lieu d'amener une consolation sainte et douce
au jour de la douleur, tombent net devant elle,
eh bien, puisque je perds tout, adieu les larmes,
adieu, non pas adieu l'amour, je mourrai en
t'aimant, mais adieu la vie, adieu l'amitié, la
pitié. O mon Dieu! est-ce ainsi? J'en aurai pro-
fité. Par le ciel, en fermant cette lettre, il me
semble que c'est mon cœur que je ferme. Je le
sens qui se resserre, et s'ossifie. Adieu.

7me. — DE LUI.

Lundi.

Mon amour, me voilà ici. Tu m'as écrit une
lettre bien triste, mon pauvre ange. Et j'arrive
bien triste aussi. Tu veux bien que nous nous
voyons, et moi si je le veux ! Mais ne crains pas de
moi, mon enfant, la moindre parole, la moindre
chose qui puisse te faire souffrir un instant.
Voyons-nous, chère âme, et tu auras toute confiance, et tu sauras jusqu'à quel point je suis à toi,
corps et âme, tu verras qu'il n'y a plus pour moi

ni douleur ni désir, du moment qu'il s'agit de toi.
Fie-toi à moi, George, Dieu sait que je ne te ferai
jamais de mal. Reçois-moi, pleurons ou rions
ensemble, parlons du passé ou de l'avenir, de la
mort ou de la vie, de l'espérance ou de la douleur ;
je ne suis plus rien, que ce que tu me feras. Sais-
tu les paroles de Ruth à Noëmi dans la Bible? Je
ne puis te dire autre chose.

Laissez-moi vivre de votre vie ; le pays où vous
irez sera ma patrie, vos parents seront mes
parents ; là où vous mourrez, je mourrai, et dans
la terre qui vous recevra, là je serai ensevelie.

Ainsi, un mot, dis-moi ton heure. Sera-ce soir?
demain? Quand tu voudras, quand tu auras une
heure, un instant à perdre. Réponds-moi une
ligne. Si c'est ce soir, tant mieux. Si c'est dans un
mois, j'y serai. Ce sera quand tu n'auras rien à
faire, moi, je n'ai à faire que de t'aimer.

Ton frère ALF^d.

QUATRIÈME SÉRIE

Paris

Hiver de 1834-1835

1re — D'ELLE.

(Sans date.)

J'en étais bien sûre que ces reproches-là viendraient dès le lendemain du bonheur rêvé et promis, et que tu me ferais un crime de ce que tu
avais accepté comme un droit. En sommes-nous
déjà là, mon Dieu! Eh bien, n'allons pas plus loin,
laisse-moi partir. Je le voulais hier, c'était un éternel adieu résolu dans mon esprit. Rappelle-toi ton
désespoir et tout ce que tu as dit pour me faire
croire que je t'étais nécessaire, que sans moi tu
étais perdu, et encore une fois, j'ai été assez folle
pour vouloir te sauver. Mais tu es plus perdu
qu'auparavant puisque, à peine satisfait, c'est con-

tre moi que tu tournes ton désespoir et ta colère.
Que faire, mon Dieu! Ah! que j'en ai assez de la
vie, mon Dieu! Qu'est-ce que tu veux, à présent,
qu'est-ce que tu me demandes? Des questions, des
soupçons, des récriminations déjà, déjà! Et pourquoi me parler de Pierre, quand je t'avais défendu
de m'en parler jamais? De quel droit d'ailleurs
m'interroges-tu sur Venise? Etais-je à toi, à Venise?
Dès le premier jour, quand tu m'as vue malade,
n'as-tu pas pris de l'humeur en disant que c'était
bien triste et bien ennuyeux une femme malade?
Et n'est-ce pas du premier jour que date notre
rupture? Mon enfant, moi, je ne veux pas récrimi-
ner, mais il faut bien que tu t'en souviennes, toi
qui oublies si aisément les faits, je ne veux pas te
dire tes torts. Jamais je ne t'ai dit seulement ce
mot-là, jamais je ne me suis plaint d'avoir été
enlevée à mes enfants, à mes amis, à mon travail,
à mes affections et à mes devoirs pour être conduite à 300 lieues et abandonnée avec des paroles
si offensantes et si navrantes, sans aucun autre
motif qu'une fièvre tierce, des yeux abattus, et la
tristesse profonde où me jettait ton indifférence.
Je ne me suis jamais plainte, je t'ai caché mes
larmes, et ce mot affreux a été prononcé un certain
soir que je n'oublierai jamais, dans le casino

Danieli : « George, je m'étais trompé, je t'en demande pardon, *mais je ne t'aime pas.* » Si je n'eusse été malade, si on n'eût dû me saigner le lendemain, je serais partie. Mais tu n'avais pas d'argent, je ne savais pas si tu voudrais en accepter de moi, et je ne voulais pas, je ne pouvais pas te laisser seul, en pays étranger, sans entendre la langue et sans un sou. La porte de nos chambres fut fermée entre nous, et nous avons essayé là de reprendre notre vie de bons camarades comme autrefois ici. Mais cela n'était plus possible. Tu t'ennuyais, je ne sais ce que tu devenais le soir et un jour tu me dis que tu craignais (*) . . . . .
. . . . Nous étions tristes. Je te disais : *partons,* je te reconduirai jusqu'à Marseille; et tu répondais : Oui, c'est le mieux, mais je voudrais travailler un peu ici puisque nous y sommes. Pierre venait me voir et me soignait; tu ne pensais guère à être jaloux, et certes, je ne pensais guère à l'aimer. Mais quand je l'aurais aimé dès ce moment-là, quand j'aurais été à lui dès lors, veux-tu me dire quels comptes j'avais à te rendre, à toi qui m'appelais l'ennui personnifié, la rêveuse, la

---

(*) Quatre mots sur lesquels on a tiré un trait de plume avec de l'encre bleue.

bête, la religieuse, que sais-je? Tu m'avais blessée
et offensée et je te l'avais dit aussi : *Nous ne nous
aimons plus, nous ne nous sommes pas aimés.*
Eh bien, à présent, tu veux l'historique, jour par
jour et heure par heure de ma liaison avec Pierre,
et je ne te reconnais pas le droit de me question-
ner. Je m'avilirais en me laissant confesser comme
une femme qui t'aurait trompé. Admets tout ce
que tu voudras pour nous tourmenter, je n'ai à te
répondre que ceci : Ce n'est pas du premier jour
que j'ai aimé Pierre, et même après ton départ,
après t'avoir dit que je l'aimais *peut-être,* que
c'était mon secret et que *n'étant plus à toi je
pouvais être à lui sans te rendre compte de rien,*
il s'est trouvé dans sa vie, à lui, dans ses liens mal
rompus avec ses anciennes maîtresses, des situa-
tions ridicules et désagréables qui m'ont fait hésiter à me regarder comme engagée par des précé-
dents *quelconques.* Donc il y a eu de ma part une
sincérité dont j'appelle à toi-même et dont tes
lettres font foi pour ma conscience. Je ne t'ai pas
permis à Venise de me demander le moindre
détail, si nous nous étions embrassés tel jour sur
l'œil ou sur le front, et je te défends d'entrer
dans une phase de ma vie où j'avais le droit de
reprendre les voiles de la pudeur vis-à-vis de toi.

Le tems où nous sommes redevenus frère et sœur,
a été chaste comme la fraternité réelle, et à présent que je redeviens ta maîtresse, tu ne dois pas
m'arracher ces voiles dont j'ai vis-à-vis de Pierre
et vis-à-vis de moi-même, le devoir de rester
enveloppée. Crois-tu que s'il m'eut interrogée sur
les secrets de notre oreiller, je lui eusse répondu ?
Crois-tu que mon frère eût bon goût de m'inter-
roger sur toi ? — Mais tu n'es plus mon frère, dis-
tu ! Hélas ! Hélas ! N'as-tu pas compris mes répugnances à reprendre ce lien fatal ? Ne t'ai-je pas
dit tout ce qui nous arrive ? N'ai-je pas prévu que
tu souffrirais de ce passé qui t'exaltait comme un
beau poéme, tant que je me refusais à toi, et qui
ne te parait plus qu'un cauchemar, à présent que
tu me ressaisis comme une proie ? Voyons, laisse-
moi donc partir. Nous allons être plus malheureux
que jamais. Si je suis galante et perfide comme tu
sembles me le dire, pourquoi t'acharnes-tu à me
reprendre et à me garder ? Je ne voulais plus
aimer, j'avais trop souffert. Ah ! si j'étais une
coquette, tu serais moins malheureux. Il faudrait
te mentir, te dire : Je n'ai pas aimé Pierre, je ne
lui ai jamais appartenu. Qui m'empêcherait de te
le faire croire ? C'est parce que j'ai été sincère que
tu es au supplice. Donc on ne peut pas s'aimer

dans les conditions où nous sommes, et tout ce que j'ai fait pour revenir à l'amitié était illusoire ! Que nous reste-t-il donc, mon Dieu, d'un lien qui nous avait semblé si beau ! Ni amour, ni amitié, mon Dieu !

1re. — De Lui.

Sans date.

Je te quitte, et une affreuse idée s'est emparée de moi. Tu as écrit à tes amis du Berry. Mon enfant, mon enfant, que je suis coupable envers toi ! Que de mal je t'ai fait cette nuit ! Oh, je le sais, Et toi, toi, voudrais-tu m'en punir ? O ma vie, ma bien aimée, que je suis malheureux, que je suis fou, que je suis stupide, ingrat, brutal ! Tu es triste, chère ange, et je ne sais pas respecter ta tristesse ! Tu me dis un mot qui m'afflige, et je ne sais pas me taire, je ne sais pas sourire, je ne sais pas te dire que mille larmes, que mille affreux tourments, que les plus horribles malheurs peuvent tomber sur moi, que je peux les souffrir, et qu'ils n'ont qu'à attendre un sourire, un baiser de toi pour disparaitre comme un songe ! O mon enfant, mon âme ! Je t'ai pressée, je t'ai fatiguée,

quand je devrais passer les journées et les nuits à
tes pieds, à attendre qu'il tombe une larme de tes
beaux yeux pour la boire, à te regarder en silence,
à respecter tout ce qu'il y a de douleur dans ton
cœur ; quand ta douleur devrait être pour moi un
enfant chéri que je bercerais doucement. O George !
George ! écoute : ne pense pas au passé ; non,
non! au nom du ciel, ne compare pas, ne réfléchis
pas. Je t'aime comme on n'a jamais aimé. O ma vie,
attends, attends, je t'en supplie, ne me condamne
pas. Laisse faire le tems, écris-moi plutôt de ne
pas te revoir pendant huit jours, pendant un mois,
que sais-je ? O Dieu, si je te perdais! Ma pauvre
raison n'y tient pas. Mon enfant, punis-moi, je t'en
prie : je suis un fou misérable, je mérite ta colère,
bannis-moi de ta présence pendant un tems; tu
n'es pas assez forte toi-même pour m'aimer encore,
et moi, et moi, je t'aime tant! Oh, que je souffre,
amie! Quelle nuit je vais passer ! Oh, dis-toi cela,
au nom du ciel, au nom de ta grand'mère, de ton
fils, dis-toi que je t'aime : crois-le, mon enfant.
Punis-moi, ne me condamne pas. Tiens, je ne sais
ce que je dis : je suis au désespoir. Je t'ai offensée,
affligée, je t'ai fatiguée. Comme je t'ai quittée! Oh
insensé ! et quand j'ai en fait trois pas, j'ai cru que
j'allais tomber. Ma vie, mon bien suprême, pardon,

oh pardon à genoux ! Ah, pense à ces beaux jours
que j'ai là dans le cœur, qui viennent, qui se
lèvent, que je sens là. Pense au bonheur. Hélas!
Hélas! si l'amour l'a jamais donné, George, je n'ai
jamais souffert ainsi. Un mot, non pas un pardon,
je ne le mérite pas; mais dis seulement : *j'attendrai*, et moi, Dieu du ciel, il y a sept mois que
j'attends, je puis en attendre encore bien d'autres.
Ma vie, doutes-tu de mon pauvre amour ? O mon
enfant, crois-y, ou j'en mourrai.

2me. — DE LUI.

Sans date.

J'ai une fièvre de cheval. Impossible de tenir
sur mes jambes : j'espérais que cela se calmerait.
Comment donc faire pour te voir? Viens donc avec
Papet ou Rollinat; il entrerait le premier tout seul,
et quand il n'y aurait personne il t'ouvrirait. Après
diner cela se peut bien. Je me meurs de te voir
une minute, si tu veux. Aime-moi. Vers huit heures
tu peux venir, veux-tu?

2me. — RÉPONSE D'ELLE.

Sans date.

Certainement, j'irai mon pauvre enfant. Je suis
bien inquiète. Dis-moi : est-ce que je ne peux pas

t'aller soigner? Est-ce que ta mère s'y opposerait?
Je peux mettre un bonnet et un tablier à Sophie.
Ta sœur ne me connait pas. Ta mère fera semblant
de ne pas me reconnaître, et je passerai pour une
garde. Laisse-moi te veiller cette nuit, je t'en
supplie. Parle à ta mère, dis-lui que tu le veux.

3ᵐᵉ. -- DE LUI.

Sans date.

Le bonheur, le bonheur, et la mort après, la
mort avec! Oui, tu me pardonnes, tu m'aimes! tu
vis, ô mon âme, tu seras heureuse! Oui, par Dieu,
heureuse par moi. Et oui, j'ai 23 ans, et pourquoi
les ai-je, pourquoi suis-je dans la force de l'âge,
sinon pour te verser ma vie pour que tu la boives
sur mes lèvres! Ce soir, à dix heures, et compte
que j'y serai plutôt (sic). Viens dès que tu pourras ;
viens pour que je me mette à genoux, pour que je
te demande de vivre, d'aimer, de pardonner !

Ce soir, ce soir.

3ᵐᵉ. — RÉPONSE D'ELLE.

Sans date, 6 heures.

Pourquoi nous sommes-nous quittés si tristes ?
Nous verrons-nous ce soir? Pouvons-nous être heureux? Pouvons-nous nous aimer? Tu as dit que oui, et
j'essaye de le croire, mais il semble qu'il n'y a pas

de suite dans tes idées, et qu'à la moindre souffrance, tu t'indignes contre moi, comme contre un
joug. Hélas! mon enfant! Nous nous aimons, voilà
la seule chose sûre qu'il y ait entre nous. Le temps
et l'absence ne nous ont pas empêché et ne nous
empêcheront pas de nous aimer. Mais notre vie
est-elle possible ensemble? La mienne est-elle possible avec quelqu'un? Cela m'effraye, je suis triste
et consternée par instant. Tu me fais espérer et
désespérer à chaque instant. Que ferai-je? Veux-tu
que je parte? Veux-tu essayer encore de m'oublier?
Moi, je ne chercherai pas, mais je puis me taire et
m'en aller. Je sens que je vais t'aimer encore
comme autrefois, si je ne fuis pas. Je te tuerai peut-
être et moi avec toi, penses-y bien. Je voulais te
dire d'avance tout ce qu'il y avait à craindre entre
nous. J'aurais dû te l'écrire et ne pas revenir. La
fatalité m'a ramenée ici. Faut-il l'accuser ou la
bénir? (*) Il y a des heures, je te l'avoue, où l'effroi
est plus fort que l'amour et où je me sens paraly-
sée comme un homme sur un sentier de montagne,
qui n'ose ni avancer ni reculer entre deux abîmes.
L'amour avec toi et une vie de fièvre pour nous
deux peut-être, ou bien la solitude et le désespoir

(*) Il y a là trois ou quatre mots effacés au crayon par G. S.

pour moi seule. Dis-moi, crois-tu pouvoir être heureux ailleurs? Oui, sans douté, tu as 23 ans et les plus belles femmes du monde, les meilleures, peut-être, peuvent t'appartenir. Moi, je n'ai pour t'attacher que le peu de bien, et le beaucoup de mal que je t'ai fait. C'est une triste dot que je t'apporte. Chasse-moi, mon enfant; dis un mot. Cette fois, tu n'auras rien à craindre de violent de ma part, et je ne te demanderai pas compte d'un bonheur auquel j'avais renoncé. Dis-moi ce que tu veux, fais ce que tu veux, ne t'occupe pas de moi; je vivrai pour toi aussi longtems que tu voudras, et le jour où tu ne voudras plus, je m'éloignerai sans cesser de te chérir et de prier pour toi. Consulte ton cœur, ta raison aussi, ton avenir, ta mère; pense à ce que tu as hors de moi et ne me sacrifie rien. Si tu reviens à moi, je ne peux te promettre qu'une chose, c'est d'essayer de te rendre herreux. Mais il te faudrait de la patience et de l'indulgence pour quelques moments de peur et de tristesse que j'aurai encore sans doute. Cette patience là n'est guère de ton âge. Consulte-toi, mon ange. Ma vie t'appartient, et, quoiqu'il arrive, sache que je t'aime et t'aimerai.

Veux-tu que j'aille là-bas à 10 heures?

4me. — DE LUI.

Sans date.

Quitte-moi, toi, si tu veux. Tant que tu m'aimeras, c'est de la folie, je n'en aurai jamais la force.
Ecris-moi un mot. Je donnerais je ne sais quoi
pour t'avoir là. Si je peux me lever, j'irai te
voir.

5me. — DE LUI.

Sans date.

Mon ange adoré, je te renvoie ton argent. Buloz
m'en a envoyé. Je t'aime, je t'aime, je t'aime.
Adieu, ô mon George, c'est donc vrai? Je t'aime
pourtant. Adieu, adieu, ma vie, mon bien. Adieu
mes lèvres, mon cœur, mon amour. Je t'aime tant,
O Dieu! Adieu. Toi, toi, toi, ne te moques pas d'un
pauvre homme.

4me. — RÉPONSE D'ELLE.

Sans date.

Tout cela, vois-tu, c'est un jeu que nous jouons,
mais notre cœur et notre vie servent d'enjeux, et
ce n'est pas tout à fait aussi plaisant que cela en a

l'air. Veux-tu que nous allions nous brûler la cervelle ensemble à Franchart? Ce sera plus tôt fait.

Rozanne a eu une petite larme sur la joue, quand je lui ai lu le paragraphe qui la concerne. Viens pour elle, si ce n'est pour moi. Elle te donnera du lait et tu lui feras des vers. Je ne serai jalouse que du plaisir qu'elle aura à te soigner.

6me. — DE LUI.

Sans date.

Mon cher Georgeot, je vais partir. Je suis tellement misérable que je n'ai même pas le courage d'attendre jusqu'à ton départ. J'ai fait mes petits paquets, et ma place est retenue pour ce soir. Malgré que nous soyons aujourd'hui dans toute cette tristesse des jours gras, voudras-tu me donner un quart d'heure d'adieu? Ce ne sera qu'autant que tu ne t'en effraieras pas. Si tu ne peux pas, écris-moi un mot que je ne parte pas sans une poignée de main, un dernier souvenir.

Ton pauvre vieux lièvre.
ALFRED.

5me. — Réponse d'Elle.

Datée, postérieurement, par George Sand,
à l'encre bleue, 1835.
(La première page de cette lettre manque.)

. . . . .à mon billet, et tu n'as peut-
être pas voulu me voir. J'ai désiré cette séparation
tous les jours, au moins une heure par jour,
depuis que tu es venu me chercher à mon retour
de Nohant pour m'emmener dîner avec toi, au
milieu de mes résolutions et de mes frayeurs. Je
n'ai pu prendre confiance en cette vie, qu'avec des
efforts de courage ou des élans d'amour. Oh! ceux-
là pourquoi ne les sais-tu pas faire durer, pourquoi faut-il qu'avec toi le cœur ne suffise pas? Il y
faut du caractère, de l'héroïsme, du dévouement,
et je n'ai rien de tout cela, parce que je sens que
tu ne t'y tromperais pas et que tu n'en voudrais pas.
L'amour, c'est le bonheur qu'on se donne mutuellement.

O Dieu, ô Dieu! je te fais des reproches à toi qui
souffres tant! Pardonne-moi, mon ange, mon
bien-aimé, mon infortuné. Je souffre tant moi-
même; je ne sais à qui m'en prendre. Je me plains
à Dieu, je lui demande des miracles: il n'en fait

pas, il nous abandonne. Qu'allons-nous devenir?
Il faudrait que l'un de nous eût de la force, soit
pour aimer, soit pour guérir; et ne t'abuses pas,
nous n'avons ni l'une ni l'autre, et pas plus l'un
que l'autre. Tu crois que tu peux m'aimer encore,
parce que tu peux espérer encore tous les matins,
après avoir nié tous les soirs. Tu as vingt-trois ans,
et voilà que j'en ai trente et un, et tant de malheurs, tant de sanglots, de déchiremens derrière
moi! Où vas-tu? Qu'espères-tu de la solitude et de
l'exaltation d'une douleur déjà si poignante? Hélas
me voici lâche et flasque comme une corde brisée;
me voici par terre, me roulant avec mon amour
désolé comme avec un cadavre, et je souffre tant
que je ne peux pas me relever pour l'enterrer ou
pour le rappeler à la vie. Et toi, tu veux exciter et
fouetter ta douleur. N'en as-tu pas assez comme
cela? Moi, je ne crois pas qu'il y ait quelque chose
de pis que ce que j'éprouve.

Mais tu espères? Tu t'en relèveras peut-être?
Oui, je m'en souviens, tu as dit que tu la pren-
drais corps à corps et que tu sortirais victorieux
de la lutte, si tu n'y périssais pas tout d'un coup.
Eh bien oui, tu es jeune, tu es poète, tu es dans
ta beauté et dans ta force. Essaye donc. Moi, je
vais mourir. Adieu, adieu, je ne veux pas te quitter,

je ne veux pas te reprendre, je ne veux rien, rien, j'ai les genoux par terre et les reins brisés ; qu'on ne me parle de rien. Je veux embrasser la terre et pleurer. Je ne t'aime plus, mais je t'adore toujours. Je ne veux plus de toi, mais je ne peux pas m'en passer. Il n'y aurait qu'un coup de foudre d'en haut qui pourrait me guérir en m'anéantissant. Adieu ; reste, pars, seulement ne dis pas que je ne souffre pas. Il n'y a que cela qui puisse me faire souffrir davantage, mon seul amour, ma vie, mes entrailles, mon frère, mon sang, allez vous-en, mais tuez-moi en partant.

7me. — DE LUI.

Sans date.

Mon enfant, viens me voir ce soir, je t'en prie. J'ai écrit sans réfléchir, et si je t'ai parlé durement c'est sans le vouloir. Viens, si tu me crois.

8me. — DE LUI.

Sans date.

Je m'aperçois, mon enfant, que ce que je t'avais demandé n'est pas chez toi ; je ne sais pourquoi tu me renvoies ces oripeaux des anciens jours de joie ;

si tu n'en voulais pas, il fallait les jeter par la fenêtre.

Il me semble comprendre à ta lettre que nous ne nous verrons plus avant ton départ et le mien. Je pars lundi ; ma place est retenue dans la malle poste de Strasbourg. Les derniers mots de ton billet ont l'air d'un adieu, et un mot de notre dernière conversation m'a presque ôté le courage de t'en dire un autre. Je suis étonné qu'il reste dans mon cœur de la place pour une souffrance nouvelle. Qu'il en soit ce qui plait à Dieu.

9me. — DE LUI.

Sans date.

C'est chez toi, mon enfant, que j'irai te dire adieu. Je t'avais écrit non pour te demander de venir ailleurs, mais simplement pour être sûr de te voir un instant. Ne t'effraye pas ; je ne suis de force à tuer personne ce matin.

A.

10me. — DE LUI.

1835 — Paris.
(Lettre écrite au crayon.)

J'ai fait des rêves horribles, et toi aussi, mais ta *Lélia* n'est point un rêve (*), tu ne t'es trompée qu'à

(*) Ici, trois ou quatre mots biffés au crayon.

la fin. Il ne dort pas sous les roseaux du lac,
ton Sténio : il est à tes côtés, il assiste à toutes tes
douleurs, ses yeux trempés de larmes veillent sur
tes nuits silencieuses. Regarde autour de toi, son
ombre triste et souffrante ne t'apparaît-elle pas
dans le dernier rêve de ta vie? Ah oui, c'est moi,
moi, tu m'as pressenti. Quand sa pâle figure s'est
présentée à toi dans le calme des nuits, quand tu
as écrit pour la première fois son nom sur la
première page, c'est moi qui m'approchais. Une
main invisible m'amenait à toi : l'ange de tes douleurs m'avait mis dans les mains une couronne
d'épines et un linceul blanc, et m'avait dit : « va
lui porter cela; tu lui diras que c'est moi qui les
lui envoie.» Moi, je croyais tenir une couronne de
fleurs, et le voile de ma fiancée; ainsi je suis venu,
et je te les ai donnés.

Peut-être l'as-tu cru aussi, car tu les as mis sur
ta tête, et tu m'as attiré sur ton cœur; tu as parlé
à la fois de bonheur et de mort; tu m'as dit que
je t'apprenais la vie et l'amour, et tu t'es dit
en toi-même : il faut que je meure, voilà mon jour
arrivé !

Alors tu m'as mis à côté de toi, et tu as arrangé
tes papiers; tu me disais toujours : «voilà toute ma
vie revenue, il faut me traiter en convalescente, je

vais renaître » et en disant cela, tu écrivais ton
testament.

Moi, je me disais « voilà ce que je ferai : je la
prendrai avec moi pour aller dans une prairie, je
lui montrerai les feuilles qui poussent, les fleurs
qui s'aiment, le soleil qui échauffe tout dans
l'horizon plein de vie ; je l'assoierai sur du jeune
chaume, elle écoutera, et elle comprendra bien ce
que disent tous ces oiseaux, toutes ces rivières
avec les harmonies du monde. Elle reconnaitra
tous ces milliers de frères, et moi pour l'un
d'entr'eux. Elle nous pressera sur son cœur, elle
deviendra blanche comme un lys, et elle prendra
racine dans la sève du monde tout puissant. »

Je t'ai donc prise et je t'ai emportée; mais je me
suis senti trop faible. Je croyais que j'étais tout
jeune parce que j'avais vécu sans mon cœur, et
que je me disais toujours : je m'en servirai en tems
et lieu ; mais j'avais traversé un si triste pays, que
mon cœur ne pouvait plus se desserrer sans souffrir,
tant il avait souffert pour se serrer autant ; ce qui
fait que mes bras étaient tout allongés et tout
maigres, et je t'ai laissé tomber.

Tu ne m'en as pas voulu. Tu m'as dit que c'était
parce que tu étais trop lourde, et tu t'es retournée
la face contre terre, mais tu me faisais signe de

la main pour me dire de continuer sans toi, et que
la montagne était proche ; mais tu es devenue pâle
comme une hyacinthe et le tertre vert s'est roulé
sur toi, et je ne t'ai plus vue qu'une petite émi-
nence où poussait de l'herbe. Je me suis mis à
pleurer sur ta tombe, et alors je me suis senti la
force d'un millier d'hommes pour t'emporter.
Mais les cloches sonnaient dans le lointain, et il y
avait des gens qui traversaient la vallée en disant :
« voilà comme elle était : elle faisait ceci, elle faisait
cela. Elle a fini par là. » Alors il est venu des
hommes qui m'ont dit : « La voilà donc ? Nous
l'avons tuée.» Mais je me suis éloigné avec horreur,
en disant : « Je ne l'ai pas tuée. Si j'ai de son sang
après les mains, c'est que je l'ai ensevelie, et vous,
vous l'avez tuée, et vous avez lavé vos mains.
Prenez garde que je n'écrive sur sa tombe qu'elle
était bonne, sincère et grande, et si on vous
demande qui je suis, répondez que vous n'en
savez rien, attendu que je sais qui vous êtes. Le
jour où elle sortira de cette tombe, son visage
portera les marques de vos coups, mais ses larmes
les cacheront, et il y en a aura une pour moi. »

Mais toi, tu ne vois pas les miennes ! Ma fatale
jeunesse m'a peint sur le visage un rire convulsif.
Tu m'as aimé, mais ton amour était solitaire

comme le désespoir. Tu avais tant pleuré, et moi
si peu! Tu meurs muette sur mon cœur, mais je ne
retournerai point à la vie, quand tu n'y seras plus.
J'aimerai les fleurs de ta tombe comme je t'ai
aimée ; elles me laisseront boire comme toi leur
doux parfum et leur triste rosée. Elles se faneront
comme toi sans me répondre et sans savoir pour
qui elles meurent.

11me. — De Lui.

Sans date.

Senza veder, e senza parlar, toccar la mano
d'un pazzo chi parte domani. (*)

(*Mot de Sainte-Beuve, écrit sur une carte de visite.)*

Adresse : Monsieur Alfred de Musset,
rue de Grenelle St Germain, 59.
L'enveloppe est datée par George Sand
à l'encre bleue *1836* ou *37*;*36*, je crois.

Mon cher ami, je venais vous voir pour vous
prier de ne plus voir ni recevoir la personne que
j'ai vue ce matin si affligée. Je vous ai mal conseillé

(*) Sans voir, et sans parler, toucher la main d'un fou qui
part demain.

en voulant vous rapprocher, trop vite du moins. Ecrivez-lui un mot bon, mais ne la voyez pas, cela vous ferait trop de mal à tous les deux. Pardonnez-moi mon conseil à faux. *A bientôt.*

6ᵐᵉ. — D'ELLE.

(Sans date.)

Non, non, c'est assez! Pauvre malheureux, je t'ai aimé comme mon fils. C'est un amour de mère. J'en saigne encore. Je te plains, je te pardonne tout, mais il faut nous quitter. J'y deviendrais méchante. Tu dis que cela vaudrait mieux et que je devrais te souffleter quand tu m'outrages. Je ne sais pas lutter. Dieu m'a faite douce et cependant fière. Mon orgueil est brisé à présent, et mon amour n'est plus que de la pitié. Je te le dis, il faut en guérir. Sainte-Beuve a raison. Ta conduite est déplorable, impossible. Mon Dieu à quelle vie vais-je te laisser? L'ivresse, le vin, les filles, et encore, et toujours! Mais puisque je ne peux plus rien pour t'en préserver, faut-il prolonger cette honte pour moi et ce supplice pour toi-même? Mes larmes t'irritent. Ta folle jalousie, à tout propos, au milieu de tout cela! Plus tu perds le droit d'être

jaloux, plus tu le deviens ! Cela ressemble à une
punition de Dieu sur ta pauvre tête. Mais mes
enfans à moi. Oh ! Mes enfans, mes enfans ! Adieu,
adieu, malheureux que tu es. Mes enfans, mes
enfans !...

7ᵐᵉ. — D'ELLE.

Mon cher enfant, avec les gens qu'on n'aime
ni n'estime, on peut avoir des exigences et ne pas
se donner la peine de les motiver. De moi à toi, il
n'en sera jamais ainsi, et je ne te demanderai
jamais rien, sans savoir de toi-même à quel point
tu approuves ma demande. Malgré ton reproche,
je persiste à penser que j'ai dû te dire la cause
d'une inquiétude qui ne me serait jamais venue, si
la personne dont je t'ai parlé n'y avait donné lieu.
Pouvais-je inventer un motif? Je ne pense pas que
tu eusses trouvé fort agréable et fort délicate une
réclamation impérieuse et sèche. J'ai dû tout te
dire. C'est mon cœur qui me l'a conseillé ; et il me
semble qu'une injure par moi reçue en silence,
et lavée entre toi et moi dans le secret d'une
lettre, n'est pas subie sans modération et sans
dignité.

Pour en finir au plus vite avec le chapitre des explications, je crois pouvoir affirmer qu'on s'est trompé en me supposant gratuitement de l'humeur, à propos d'une lettre que tu ne m'aurais pas écrite. Je ne sais ce que cela veut dire. Je me souviens d'avoir été brisée, je ne me souviens pas d'avoir eu du dépit ou du mécontentement sur quoi que ce soit. Je me souviens de m'être éveillée à Nohant couverte de taches hépathiques de la tête aux pieds, et de n'avoir pas cessé depuis ce jour-là d'avoir mal au foie. C'est bien assez des maux réels sans y joindre des piqûres d'amour-propre. Je t'avoue qu'il n'y avait pas place en moi pour les petites choses à cette heure solennelle et décisive de ma vie.

J'approuve tout à fait ton idée relativement à nos lettres. Il m'eût été fort amer de te rendre les tiennes; et si je pouvais croire que les miennes ont le même prix à tes yeux, je ne te les réclamerais pas. Mais tout cela est bien différent. N'importe. — Tes lettres sont à la Châtre, chez une femme qui m'est dévouée et qui croit avoir des bijoux en dépôt dans une cassette. Ces lettres sont cachetées et portent ta suscription. Je ne les ai jamais relues sans les recacheter aussitôt après et sans les replacer dans cet asile sûr et inviolable.

Adieu mon enfant, Dieu soit avec toi.

Je ne les croirais pas assez bien gardées chez moi. La mort vous surprend à toute heure, et on ne sait quelle main ouvre vos tiroirs dès que vous avez fermé l'œil. — Je puis donc être mieux que toi le gardien de ce double dépôt. En même tems que je le scellerai, je te donnerai l'adresse et le nom de la femme à qui tu dois le réclamer, si, comme il est probable, je pars la première pour le grand voyage.

Avant tout, je t'enverrai tes lettres dès que je serai au pays, afin que tu en retranches ce que tu voudras. Si tu veux m'envoyer les miennes pendant que je suis ici, tu m'épargneras le port d'un fort gros paquet à la poste de la Châtre. Si tu aimes mieux attendre la réception du tien, fais comme tu voudras.

Adieu, mon enfant. Dieu soit avec toi.

G.

V. — VERS.

VERS ÉCRITS DE LA MAIN D'ALFRED DE MUSSET.

Telle de l'Angelus la cloche matinale,
Fait dans les carrefours hurler les chiens errants,
Tel, ton luth chaste et pur, trempé dans l'eau lustrale,
O George, a fait pousser de hideux aboiemens.

. Mais quand les vents sifflaient sur ta muse au front pâle,
Tu n'as pas renoué tes longs cheveux flottans ;
Tu savais que là-haut l'étoile virginale
Qui soulève les mers, fait baver les serpens.

Tu n'as pas répondu même par un sourire,
A ceux qui s'épuisaient en tourmens inconnus
Pour mettre un peu de fange autour de tes pieds nus.

Comme Desdémona t'inclinant sur ta lyre,
Quand l'orage a passé, tu n'as pas écouté,
Et tes grands yeux rêveurs ne s'en sont pas douté.

VERS D'ALFRED DE MUSSET, ÉCRITS SOUS SA DICTÉE PAR GEORGE SAND, EN REVENANT DE CHATTERTON.

Quand vous aurez prouvé, messieurs du journalisme,
Que Chatterton eût tort de mourir ignoré,
Qu'au théâtre français on l'a défiguré,
Quand vous aurez crié sept fois à l'athéisme,

Sept fois au contresens, et sept fois au sophisme,
Vous n'aurez pas prouvé que je n'ai pas pleuré,
Et si mes pleurs ont tort devant le pédantisme,
Savez-vous, moucherons, ce que je vous dirai ?

Je vous dirai, sachez que les larmes humaines,
Ressemblent en grandeur aux flots de l'océan ;
On n'en fait rien de bon en les analysant ;

Quand vous en puiseriez deux tonnes toutes pleines,
En les faisant sécher, vous n'en aurez demain
Qu'un méchant grain de sel dans le creux de la main.

VERS D'ALFRED DE MUSSET, ÉCRITS DE LA MAIN DE GEORGE SAND.

Porte ta vie ailleurs, ô toi qui fus ma vie.
Verse ailleurs ce trésor que j'avais pour tout bien,
Va chercher d'autres lieux toi qui fus ma patrie,
Va fleurir au soleil, ô ma belle chérie !
Fais riche un autre amour et souviens-toi du mien.

Laisse mon souvenir te suivre loin de France ;
Qu'il parte sur ton cœur, pauvre bouquet fané.
Lorsque tu l'as cueilli j'ai connu l'espérance,
Je croyais au bonheur, et toute ma souffrance
Est de l'avoir perdu sans te l'avoir donné.

10 janvier 1855.

DIRECTION

DE LA

BIBLIOTHÈQUE

NATIONALE.

Paris, le 16 mai 1904.

L'Administrateur général,

A Monsieur Félix DECORI,

avocat à la Cour d'appel.

Monsieur,

Je m'empresse de vous accuser réception du paquet cacheté, contenant des documents originaux intéressant l'histoire littéraire du XIXe siècle, que vous avez remis entre mes mains, pour en faire don à la Bibliothèque nationale. Le pli sera ouvert aussitôt que vous m'en aurez donné l'autorisation, et les documents seront incorporés dans les collections du Département des manuscrits, après que votre don aura été accepté par M. le Ministre de l'Instruction publique au nom de la Bibliothèque.

Veuillez agréer, je vous prie, Monsieur, avec les remercîments de la Bibliothèque, l'expression de mes sentiments de haute considération et d'entier dévouement.

L. DELISLE.

TABLE

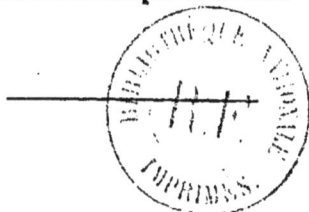

www.ingramcontent.com/pod-product-compliance
Lightning Source LLC
Chambersburg PA
CBHW070617100426
42744CB00006B/518